Friedrich Diez

**Diez-Reliquien**

Aus Anlass des hundertsten Geburtstages des Altmeisters romanischer Philologie

Friedrich Diez

**Diez-Reliquien**
*Aus Anlass des hundertsten Geburtstages des Altmeisters romanischer Philologie*

ISBN/EAN: 9783743482661

Hergestellt in Europa, USA, Kanada, Australien, Japan

Cover: Foto ©ninafisch / pixelio.de

Manufactured and distributed by brebook publishing software
(www.brebook.com)

Friedrich Diez

**Diez-Reliquien**

# AUSGABEN UND ABHANDLUNGEN

AUS DEM GEBIETE DER

## ROMANISCHEN PHILOLOGIE.

VERÖFFENTLICHT VON E. STENGEL.

XCI.

---

# DIEZ-RELIQUIEN

AUS ANLASS

## DES HUNDERTSTEN GEBURTSTAGES

DES

## ALTMEISTERS ROMANISCHER PHILOLOGIE

ZUSAMMENGESTELLT UND HERAUSGEGEBEN

VON

EDMUND STENGEL.

---

MARBURG.
N. G. ELWERT'SCHE VERLAGSBUCHHANDLUNG.
1894.

# Inhalt.

I. Eine Diez-Hs. aus dem Jahre 1816 . . . . . 1—3.
II. Handschriftliche Kollektaneen zur Romanischen Grammatik . . . . . . . . . . . . . 4—14.
III. Das Vorwort zur 1. Auflage der Romanischen Grammatik . . . . . . . . . . . . . . 15—17.
IV. Diez' Briefe an Karl Bartsch . . . . . . . 18—35.
V. Zwei Dankschreiben von Diez an die Göttinger Gesellschaft der Wissenschaften . . . . . . 36—37.
VI. Nachträge zu Diez' Briefen an A. Keller, A. Ebert, A. Mussafia . . . . . . . . . . . . . 38—40.
VII. Ergänzungen zu den Erinnerungsworten an Friedrich Diez*) . . . . . . . . . . . . . 41—48.

*) Das Bonner Festprogramm bringt die sehr interessante Korrespondenz zwischen Diez und Ebenau. Weiteres Material zu einer Diez-Biographie wird Förster in der Zs. f. frz. Spr. und Lit. veröffentlichen.

# L
# Eine Diez-Hs. aus dem Jahre 1816.

Schon in meinen Erinnerungsworten, Marburg 1883 S. 23 Anm., habe ich darauf hingewiesen, dass sich in Diez' Nachlass noch eine ungedruckte, nicht vollständig abgeschlossene Arbeit vorgefunden hat. Sie ist durch die Liebenswürdigkeit von Diez' Neffen, des inzwischen (1888) ebenfalls verstorbenen Geheimen Baurat H. Holzapfel, in meinen Besitz übergegangen, gleichzeitig mit den Originalen der in den Erinnerungsworten zum Abdruck gebrachten Jugendgedichte und den unter II. mitgeteilten Kollektaneen zur romanischen Grammatik. Da diese Arbeit die erste Frucht von Diez wissenschaftlicher Thätigkeit bildet, so wird eine genauere Beschreibung derselben von Interesse sein.

Die Hs. bildet einen Oktavband von 140 Seiten in Pappeinband. Auf der Innenseite des vorderen Einbanddeckels finden sich von Diez' Hand zunächst verschiedene, wahrscheinlich gelegentlich aufgezeichnete Titel: »Minnesinger des Südens«, »Geschichte der provenzal. u. altspanischen Minnesinger. Mit einigen Liedern in Ursprache u. Übersetzung«, darunter mit Bleistift: »Beiträge zu den Minneliedern« und einige spanische Liederbruchstücke. Auf der Innenseite des hinteren Deckels stehen einige kurze deutsche Übersetzungsversuche, die sich nicht völlig entziffern lassen, und folgende Disposition eines nicht ausgeführten, jedenfalls nicht erhaltenen Werkes: »I. Provence 30 S. II. Catalonien 6 S. III. Nordfr. 20 S. IV. Castilien 40 S. Kirchenlieder u. Lat. 8 S. Anhang 10 S. Im Ganzen 124 S.« Gemeint ist wohl das durch den ersten der vorerwähnten Titel bezeichnete

Werk. Alle diese Pläne rühren offenbar aus sehr früher Zeit her. In seinem Gesuche um Verleihung der philos. Doktorwürde an die Giessener philos. Fakultät vom 20. Aug. 1821 (abgedruckt in meinen Erinnerungsworten S. 52 f.) erwähnt Diez, dass er eine »Geschichte der Sprache und Poesie der Provenzalen« in Arbeit habe. Auch dieses Werk ist nie erschienen, liegt aber jedenfalls den beiden späteren Schriften »Die Poesie der Troubadours« und »Leben und Werke der Troubadours« zu Grunde.

Die Hs. selbst trägt den Titel:

SILVA DE CANICONES VIEJAS
RECOGIDAS
DEL
CANCIONERO GENERAL.
COM ALGVNAS PORTVGVEZES
EN GISSA DE HASSIA
MES DE FEBRERO. AÑO DE 1816.

Es folgt S. 3—10 die »Tabla de todos los trobadores y canciones«.

S. 11 und 12 tragen die Überschrift: »Algunas noticias de la vida de los mas illustres trobadores sacadas de diversas obras«. Die Noticias selbst fehlen aber.

S. 13—16 bieten: »Indice de las obras, q̄ contiene el cancionero general de Anvers 1573«.

S. 17 bildet eine neue Titelseite:

SILVA
DE CANCIONES VIEJAS
DEL
CANCIONERO GENERAL
SEVILLA 1590
Y DEL
CANCIONERO GENERAL*)
q̄ contiene muchas obras de diversos autores antiquos con algunas cosas nuevas de modernos, de nuevo corregido y impresso.
En Anvers. P. Nucio MDLXXIII.

*) a esta edicion se refieren los folios notados.

S. 18 bringt die 8 Abteilungen, in welche die Silva zerfällt:

I. Las esparças, II. Las coplas, III. Las glosas, IV. Las glosas de los motes, V. Las canciones, VI. Los villancicos, VII. Los romances\*), VIII. Las invenciones.

\*) Muchos romances en el cancionero general tienen desechas, qui sembran mas nuevas de los romances.

S. 19—28 stehen: 20 Esparsas, S. 29—30 sind leer, S. 31—55: 16 Coblas, S. 56—65: 3 Glosas, S. 66 leer, S. 67—78: 17 Glosas de los motes, S. 79—96: 35 Canciones, S. 97—8 leer, S. 99—116: 23 Villancicos, S. 117—118 leer, S. 119—133: 13 Romances, S. 134 leer, S. 135—140: 11 Invenciones.

Offenbar hat Diez die in dieser Hs. enthaltenen Gedichte auch metrisch in das Deutsche zu übertragen beabsichtigt. Bei einer Anzahl Gedichten finden sich nämlich am Rande deutsche Reimworte, entsprechend dem Reimschema des Originals, mit Bleistift eingetragen, die als Basis für die vollständige Übersetzung dienen sollten. Aber nur eine Esparsa von Diego de San Pedro, betitelt: »El dia de pascua de flores«, S. 23 ist vollständig übertragen. Urtext und Übersetzug lauten:

| Nuestro Dios en este dia | Unser Herr Gott alle bangen |
| Las tristes almas librò | Seelen heut am Tag befreit, |
| Mas la mia porques mia | Mir nur ward es so verhangen, |
| En el fuego do solia | In der Glut bleib ich gefangen |
| Se quedò. | Allezeit. |
| E por crecer mis querellas | Und zu mehren meine Klagen |
| Mandò la que obedeci | So gebot die Königin, |
| Que se quedassen en mi | Dass ich sollte immerhin |
| Las penas de todas ellas. | Auch der Andern Marter tragen. |

Auch diese Übersetzung ist mit Bleistift am Rand beigefügt und nur schwer lesbar.

## II.
## Handschriftliche Kollektaneen zur Romanischen Grammatik
aus den letzten 60er und den ersten 70er Jahren.

Unter den in meinen Besitz übergegangenen Diez-Papieren befinden sich auch zwei unscheinbare Heftchen in 16°, in welche der greise Gelehrte ihm gelegentlich aufgestossene Bemerkungen und Ergänzungen zu seiner Grammatik eintrug.

Heft 1, aus 16 Seiten bestehend, war für die Lautlehre bestimmt und enthält nur wenige Einträge, die sich sämtlich auf die dritte Auflage beziehen, also, wie auch aus der unsicheren Schrift hervorgeht, aus den letzten Lebensjahren von Diez herrühren müssen und somit das letzte enthalten, was er, abgesehen von seiner romanischen Wortschöpfung, an wissenschaftlicher Arbeit geleistet hat.

Heft 2, aus 40 Seiten bestehend, trägt die Überschrift: »Zusätze zur Grammatik II« und nimmt fast durchweg Bezug auf die zweite Auflage. Viele dieser Zusätze sind durchstrichen und bei einem findet sich der ausdrückliche Vermerk: »Eingetragen R. Gr. III 71« (d. h. der zweiten Aufl.). Zu der entsprechenden Stelle der dritten Auflage S. 74 findet sich denn auch eine Anm., in welcher der Inhalt des Zusatzes verwertet ist. Auch die anderen durchstrichenen Zusätze sind für die dritte Auflage benutzt, überall aber in veränderter und bedeutend gekürzter Form. Eine Anzahl anderer Zusätze sind direkt ausgestrichen, viele andere aber sind ungetilgt und, wie es scheint, bei der Neubearbeitung unberücksichtigt geblieben, oder auch erst nach ihrem Abschluss eingetragen. Ich teile nachstehend den Inhalt beider Hefte bis auf das gänzlich Ausgestrichene vollständig mit. Zur Erleichterung der Vergleichung füge ich in [ ], wo sie fehlen, die Verweise auf die dritte, für Heft 2 ausserdem auch auf die zweite Auflage hinzu und ergänze überdies ebenso in [ ] einige nicht leicht verständliche Zitate.

## Heft I.

S. 1 Lautlehre. [Wohl zu 1³, 143 od. 144, wo der gegenseitigen Einwirkung der romanischen Sprachen auf einander keine Erwähnung geschehen war.] Rückbildung. S. E. Wtb. *pioppo*, cat. *clop* vom sp. *chopo*, weil cat. *cl* ist = sp. *ch*. — mlat. *lodia* v. *loge* Jahrb. VIII, 122.

I, 144. Littré Histoire de la langue franç. I, 241 (aus Journ. Sav. Aug. 57): Eine Eigentümlichkeit des Franz. ist, dass es im Innern des Wortes einen Consonanten unterdrückt (*a-orer*, *su-eur*). Bleibt er, so ist dies ein Zeichen späterer Entlehnung aus dem Lat., vgl. *souci* von *sollicitum*. — Egger hat zuerst in Frankreich die Thatsache von dem Beharren des Accents in den frz. Worten der ersten Formation gezeigt (s. dessen fr. Gramm. p. 12). Ihm folgte G. Paris. So bemerkt Chabaneau Hist. d. l. conjug. 51 Note. [= 2. éd. S. 37 Anm., wo *sa grammaire p. 12 et 13* ersetzt ist durch: *ses Notions élémentaires de grammaire comparée*.]

S. 2. I, 451 [Anm.]. Franz. *e* und *ie* im Reim. Altfr. *er* reimt nicht auf *ier*, ebenso neufr. Auch *frère* und *lumière* reimen nfr. nicht, wohl aber *assiette* und *belette*. Der Vocal *é* reimt nicht auf *ié*, *ez* nicht auf *iez*. Doch reimt altfr. *ier* auf den gebrochenen Diphthongen, *trebuchier* auf *chasti-er*, *muillier* auf *prei-er*, *ublier* auf *mer*. — Altfr. *el* reimt nicht auf *iel*? Aber nfr. *ciel*, *cruel*, *mortel*. Ital. wie nfr. *miele crudele*. — Über den Reim *er* und *ier* s. auch S. Agnes XXII unten (altfr.).

S. 3. [I, 428] Fr. *aigne* spr. *egne*, wenigstens reimt *Bretaigne* auf *enseigne* R[oman] d. l. rose I p. 40. *Montaigne* wird bekanntlich -*agne* gesprochen.

[I, 412] Neupr. (an der Rhone) lautet *g* vor *e* und *i* wie *ds*: *gemi*, *gibous*, *image* (spr. *imadse*). Revue des lang. rom. I, 48. — An der nördlichen Grenze der Aude lautet *j* und *ch* wie *ds* oder *ts*, *juchats* wie *dzutsats*. Carcassonne und Narbonne sprechen *j* wie im Franz. und *ch* wie *tch*. S. das. 314 unten.

S. 4. [I], 372. Altsp. Ausspr. des *G* vor *e*, *i* auch Sanchez bekannt. II s. v. *Ganto* p. 515.

[I, 414] *H* pr. vor *ie* zum Zeichen, dass *i* nicht Consonant ist: *hieu* für *ieu*, *hiest* für *iest*. B[artsch Chrest.] 211 — vor *u*, um es von *v* zu unterscheiden: *huelh*, *huolh*.

I, 72 Ablautformeln: cat. *charric-charrac* Kinderklapper.

I, [463] altfr. *gh* = *gu*: Rom[anzen] ed. B[artsch] *mughet* p. 283[,11], *Flamenghel* 291[,20], *burghie* 292[,15].

[I, 413 Anm.]. Collision zwischen pr. *i* und *j*, s. besonderes Blatt in 4to [Nicht vorhanden]. Für den Cons. *j* stimmt allerdings die Schreibung *ih*. [Ob es] für ital. *gi* oder für deutsches *j* gelte (in S. Agnes), verspricht Bartsch noch zu untersuchen. S. Gröber im Jahrb. XI, 338. — Neben 2 silbigem *comjat* gibt es ein 3 silb. *comiat*. Fer[abras] 3584. — *jhausir* für *j-* einmal bei einem Späteren, s. P. Meyer Dern. troub. 102 oben. — *biort* und *beiort* sagt man s. L[exique] R[oman]. — *mieia chanso*, masc. *mieg*. — Bartsch Chrest. Wortreg. *enveja* und *evea*. — P. Meyer Dern. troub. p. 28 Mitte *enveya* (was er vielleicht *ej* ausspricht), *aujas* 43 unten, *fuy* das., *corayos* (vgl. *enveya*) 42 Mitte, *joyos* 41 Mitte, oft *mieya*, *nueit*. — Confession B. Chrest. p. 19a assoniert *laias*: *faitas*, also nicht *lajas*.

S. 5. I[,403] Pr. *lh* soll nach G. Paris (brieflich) aus dem Deutschen stammen. Aber in *felhan* oder goth. *alh* hat man sicher eine solche Aussprache nicht gehört. Dieses *lh* kann aus *lli*, *l* und *i* durch einen Strich verbunden, entstanden sein. Ähnlich die cyrill. Combination *i-o* und selbst Ѧ, d. i. *io*, *ia*. [Dieselbe Erklärung steht schon, etwas verschieden formuliert: Altport. Kunst- und Hofp. S. 36.]

I,... Ital. Gebiet. Über eine alte ital. Inschrift schreibt mir Alois Comeans zu Görz 7. Okt. 1870 (S. Briefsammlung [jetzt wohl im Besitz von Prof. A. Tobler]).

[I, 402] *N* pr. Reim *veiran*: *man* Ch[oi]x IV, 71.

S. 6. I, 325. Deutsches *w*, roman. durch *gu* dargestellt, findet sich in zahlreichen Beispielen altdeutscher Glossen des

9. Jahrh. Diese Darstellung kann nur das Werk eines Romanen sein. S. Weinhold: Über ein fränk. Gesprächsbüchlein, Wiener Sitzungsberichte Philos. u. histor. Klasse 71 Bd. 4 Heft. Dahin *guanbe* für *wambe*, *guare* für *ware* (»*wo*«) u. s. w.

S. 7—13 sind leer, ebenso S. 15 und 16.

S. 14. [I, 414 u. 410] Prov. auslautend *h*, *ch* (inl.). Urkunden (Revue d. lang. rom. II, 92): *dih* (*dict*), *escrichas*, *Benezech* (-*clus*), *profelchar* 95 unten, *dichas*, *dreg* (fr. *droit*), *profieh* — *nh* überall: *senher* etc. *lh*: *molher*.

[I, 408 Anm.] *stz* = *tz sobredistz*, *etablistz* Rev. d. l. r. II, 104.

### Heft II.

S. 1. Zusätze zur Grammatik II[3] Deklination II. Heft.

[II², 43, 5; II³, 47, 9] Artikel und Subst. Artikel Fortsetzung S. 3. — Ein starker Fehler bei Gachet ist: *ou* = *au*, *a le*, forme mitoyenne entre *au* (*al*) et (*eu*) *el*, da doch *ou* dasselbe ist wie *eu* und *el*, d. h. *en le*, *ou val*, d. ist *dans le val*. Freilich hält Burguy *el* für *a le*, eine der vielen unerwiesenen Behauptungen des Buchs. So P. Meyer Revue germanique XVII, 455. — Auch Fallot nimmt *ou* für *au*: *ens el port* ist ihm *dans au port*, *sus au* [l. *ou*] *palais* = *sur au palais* p. 61 — p. 54, 55 sagt er wieder, der burg. Dativ Plur. *es* sei aus *ens* für *dans les* entstanden.

[II² und II³, 10] Casus Gen. Pl. *li val tenebror*, *un* .... Altfr. Wtb. [s. Godefroy s. v. tenebror 2]. Gibt es ein *vallis tenebrarum*?

[II², 38; II³, 41. Durchstrichen] Neutrum im Sbst. prov. — [P. Meyer,] Sur deux chartes valentinoises (Gegend v. Valence) aus der 2. Hälfte des 12. Jh. Eine derselben enthält zweideutige Spuren des Neutrum *breu* (-*ve*), *alo* (-*odum*), *feu* (-*dum*), *tenement*(*um*), alle ohne *s*, selbst im Nom., auch mit Artikel *lo* (Masc. *le*). Es gibt im Prov. und Fr. noch andere Beispiele, welche beweisen, dass das Gefühl für dieses Genus noch nicht erloschen war. R. Vidal sagt (73), dass *per rason del neutri* gewisse Worte kein *s* empfangen, *bon m'es*, *mal m'es*. So P. Meyer. — Nach Faidit sagt man *grans es lo bes mals*, abweichend vom Latein. G[ram.] Prov. p. 2. — S. Leys [d'amors] II, 166.

S. 2. [II², 58; II³, 63. Durchstrichen] Adjektiv, Neutr. Poes. Troub. p. 300. 312 Note. — Churw. nach den Beispielen bei Conradi im Neutrum des Partic.: *iou veng ludaus* (auch *ludau*), dagegen *ilg era stau* »es ist gewesen«, nicht *-s*. Das *s* des Masc. fehlt, z. B. Andeer 73 *muort*, 75 oben *sufflad*.

[II², 21; II³, 23] Subst. Dekl. Neutrale Plurale auf *e* = it. *a* glaubt Mussafia Jahrb. VIII, 127 im altfr. Pl. *carre* = it. *-a* zu finden (Roland), desgleichen *cent paire* = it. *paia* [Roman d. l.] Rose, daher der Sing. *une paire* — also *s* im Plural. Fast fabelhaft.

S. 3. [II², 14; II³, 15. Durchstrichen] Artikel Nachtrag [vgl. S. 1]. In *illum* als Artikel wurde das Tongesetz verlassen, aber nach Gast. Paris brauchten die alten Komiker *ill* kurz (Brachet 162). Besser: man legte den Nachdruck auf die 2. Silbe, weil sie die hier sehr wichtige Flexion enthält. Ähnlich im Deutschen *nan* für *inan*, vgl. lat. *'ste* für *iste*. — Über eine ital. Artikelform *ello, ella* s. Mussafia Jahrb. X, 124 oben. Gessner leonesischer Dialekt 17.

III[³], 40 Note [2] für sp. *ambos a dos* findet sich *amos y dos* Fern. Gonz. 492.

[II², 94 f.; II³, 102 ff. Durchstrichen] Pronomen. Die Plur. *aquili* und *ili* sind = *aquilh* und *ilh*, s. Jahrb. IV, 83. Vgl. aber [II²,] 95 Mitte *eli* G. A. (zweisilbig). In der waldens. Bibel *aquisti, tanti, quanti, moti*.

S. 4. [II², 91; II³, 99. Durchstrichen] Pronomen *lur* wird wohl kaum im Reim gebraucht. Flam. 536 *lur: resplandor*; sonst *lor*. G. Ross., Pass., Boethius, G. Alb. kein Reim; Choix III p. 407 unten. Erzählung von Raimon Vidal: *lur*.

S. 5. [II², 101; II³, 110. Durchstrichen] Pronomen. Alexander v. 24 *chest*, 35 *chel*, 13, 58 *chi*. Auch *micha* 58, *mischin* 88 mit gutturalem Laut. Da er auch vor e nicht palatal sein kann, so bleibt nur die gutturale Aussprache in *chest* und *chel* möglich, spr. *quest quel* = ital. Beide stellen sich neben *aquest* und *aquel*, wie ço neben *aiço, quo* Choix II, 136 oder *cho* Passion neben *aquo*. Ferner findet sich *queu, quel* anderwärts. So Tobler zum Alexanderlied 39 — *chi* ist nicht erwähnt. Eingetragen R. Gr. III[2], 71. [Vgl. III³, 74 Anm.]

S. 6. [II², 156; II³, 168] Conjugation. Span. fut. exact. — Sard. Conj. Delius sagt [Der Sard. Dial. Bonn 1868] p. 10, Note 3 das Perf. Conj. *avéret*, *esséret*, *ischíret* sei nach Spanu aus dem lat. Imperf. Conj. (*haberet*), plausibler nach Diez aus Plusq. Ind. Ihm selbst scheine es aus Perf. Conj., also *cantare* = sp. *cantare* aus *cantarim*, woher es Diez früher geleitet, der es jetzt aus fut. exact erkläre.

[II², 158; II³, 170] sp. Accentuation. Fern. Gonz. 208 reimt *toviéredes* auf *avédes*, *perdonédes*, desgleichen 336 *cayésedes* auf *toviéses* (nicht unrichtig).

[II², 173; II³, 186] sp. *vivir*. Fern. Gonzal. (ed. Janer). Hier kommt ausser *vesqui* und Derivata auch Inf. *vesquir*, Impf. *vesquia* vor. — Der II³, 192 Note erwähnte Provenzalismus *perdon* für -*ne* findet sich auch im altsp. Fern. Gonç. (ed. Janer) Str. 203: *sy Jesucristo vos perdon*.

S. 7. [II², 116; II³, 125. Durchstrichen] Conjugation. »Weit verbreitet erscheint auf dem Boden der altitalischen Sprache der Abfall des auslautenden *t* von Verbalformen. Die des Plurals liessen dann nach Abfall des *t* in der Regel auch den in den Auslaut gerückten Nasal *n* (?) schwinden.« Corssen 2. Ausg. I, 184. Im Umbr. *habe*(*t*), *covortuso* (*converterunt*), volskisch *façia* (*faciat*), lat. *dede* (-*it*) nur auf dem platten Lande, nicht in der Stadt. — Die abgestumpften Perf. *ere* st. *erunt* gehörten mehr der Volkssprache und den Dichtern an. [eb.] 185—188. — Seit dem 4. Jahrh. n. Chr. war der Laut des *t* in der Volkssprache theils schon ganz verklungen. Im Plur. kommen spätlat. Schreibungen vor, wie *fecerun*, *vivon*. — Vgl. rom. *aman* von *amant* mit nhd. *geben*, ahd. *gebant*.

[II², 121; II³, 131] Starke Conjugation\*) braucht Mussafia bei Kuhn 3975 (?). — Grüzmacher Jahrb. IV, 375, 16; Bartsch; Brachet; Burguy, aber unrichtig. Dagegen sagt J. Schmidt in Jena: Die 3. lat. stark, die andern schwach zu nennen, kann

---

\*) Über diese Benennungen s. J. Grimm I, 1040 Note. — II, 982 Mitte nennt er die romanische I. Conj. schwach, die = lat. III. stark.

Unklarheit und Verwirrung hervorrufen, s. Kuhn V, 79. Ferner ist dagegen Littré Hist. d. l. l. fr. II, 118. »Les formes fortes sont celles qui accentuent le radical« G. Paris De l'accent 64. Angenommen von P. Meyer.

S. 8. [II², 108, 5; II³, 117, 7] Catal. Perf. *vaig trobar* = sp. *encontré*, *vax casar* = *casé*.

[II², 174; II³, 187] Port. deklin. Infinitiv stammt aus dem Imperf. Conj. nach Delius, s. Tobler Rom. Conj.

[II², 195: II³, 209] Prov. Umbiegung des schwachen Inf. in starken im Reim: *ordre* für *ordir*, *bordre* für *burdir* (?) M[ahn Ged.] 939, 1 bei Ramb. von Aurenga.

[II², 159 Anm. 2; II³, 171] Span. Accent im Verb. Böhl de Faber betont *plática*, *sáplica*, *lástima* (lauter Verba?). Calderon aber *suplico*, z. B. Norwich 1, 151.

[II², 118; II³, 128? Durchstrichen] Italien. Umschreibung. Über *sono avuto* für *-stato* bei Bonvesin u. a., s. Mussafia Beitr. zur Gesch. der romanischen Sprachen 1862 [Sitzungsberichte der Wiener] Akademie, Nachträge dazu Jahrb. V, 247. So waldens. IV, 386 Note. Ich erblicke keinen logischen Vorgang darin, wie wenn *sono avuto ricco* anfangs »ich bin für reich gehalten worden«, dann »ich bin es gewesen« entstanden wäre, sondern eine rohe Anbildung, Verwechslung. — B[artsch] zu S. Agnes p. 68 *em agut* = *avem agut*. Mussafia nimmt aber »ich bin gehabt« für »ich bin gewesen«. (B.)

S. 9. [II², 201; II³, 216 f.] Prov. Starkes Perf. *diron*, *viron* für *dizeron*, *veseron* hält B[artsch] zu 280. 290 für französisch.

[eb.] Vb. *fondre*, Pf. *fos* = it. *fuse* Choix IV, 362 unten? Aber *o* für lat. *u*?

[II², 187; II³, 201] Pf. *ab* (*hubuit*) Fr[agm.] Alex[andre] 23. 33. 38 etc.

[II², 193; II³, 207] 3. Conj. 3 Pres. *itz* für *is*, z. B. *delits* [Choix] IV, 91 Mitte.

[eb.] Desgl. 3. Conj. Inf. nur *ir* nicht *ire*, wiewohl Rayn. beide aufstellt. Der Don. prov. sagt p. 20 unten: manche enden nur auf *ir* wie *ausir*, *sentir*, *cubrir*, nicht *-ire*, wie *dir* und *dire*. Doch steht *senes mentire* M[ahn Werke] I, 203 (im Reim).

[II², 190; II³, 204] Endung *au* z. B. *tornau* für *tornatz* ist *toulous*. S. Bartsch zu P[eire] Vidal p. 116.

[II², 184; II³, 198] Vermischung der Flexionsart im Prov. Damit wäre zu vergleichen dieselbe Mischung im Lat. und Deutschen.

S. 10 [II², 213; II³, 231. Durchstrichen] Altfranz. Conj. Inf. *ier*. S. das besondere Blatt (Gramm. Blätter).

[II², 216 unten; II³ 234. Durchstrichen] Partic. *ie* für *iée* nach *ill, gn, ch, g, ç*, auch wohl *s, st*. Gaufrey (pic.) *resachie, ratirie, rengie, prisie* (: *paiennie*) p. 25, aber z. B. p. 91 *menée, prestée, levée, passée, coupée, sauvée*. Auch nach Voc. z. B. *desploie* für *oiée, peçoie* Dolop. 388, *noie* p. 377. — Bartsch corrigirt im Erec fem. *ie* in *iee* (Germ. VII, 179 ff.). Dagegen erklärt sich Mussafia VIII, 51, der jenes *ie* in Schutz nimmt. Er erklärt aber *fie* (»Mal«) unmittelbar aus *vicem* und vergleicht *peiz piz* aus *pectus*. — S. gramm. Blätter.

[II², 210; II³, 227] Fut. *oi* für *ai* wird mundartlich sein: *metroi prendroi* Gui de Nant. p. 53.

S. 11. [II², 141; II³, 151 f. Durchstrichen] Ital. abgekürzte Participia der 1. Conj. Einige Adj. werden wie abgekürzte Participia behandelt. So *pieno* Orl. 14, 133, *ripieno* 12, 75. Auch *voto* und *mondo*, die sich freilich auch aus Verben ableiten lassen.

[II², 218; II³, 237. Durchstrichen] II. Conj. Perf. Ind. 3. Sing. *iét* u. *ié* (st. *it*): *abatied* Rol. p. 5 (6?) Müll., [Michel] 52 oben, *perdiet* das. [Müll.] 194 oben, *entendié* Og., *respundié* Gorm. 350, *pursiwié* p. 393, *vesquié* 409, s. Blatt Gormond, *vesquié* auch Benoit I, 372 oben, *perdié, respondié* AAv. p. 56 oben, *entendié, pendié* Gayd. — Es stimmt zum pr. *et* oder it. *ette*. Bartsch nichts.

[II², 211; II³, 229. Absatz 1 durchstrichen] Altfr. *ester*. Das Impf. *estois* kann nicht von *stare* kommen, weil die norm. Mundart, welche *abam* stets in *oue, oe* verwandelt (so wie *ebam ibam* in *eie*), immer *esteie* [statt] *estoue* braucht, s. G. Paris p. 79. — Nach Littré, welcher *estourent* = *steterunt* in dem Liber psalm. bemerkt, [und] Burguy gilt norm. *esteie*, pic. *-oie*, burg. *estoie* und *astoie*: Hiernach müsste [es] von *existebam* kommen, ganz gegen die Einrichtung der anderen Sprachen.

S. 12. [II², 218; II³, 237] Altfr. 3. Conjug. Imperat. L. Rois p. 310 richtig *te lapis*, aber *guarisse mei* st. *guaris mei* 168; *esbahiz vos* st. *-isseiz*. Reine 3. *encuviz* 2. Pl. st. *encuveiz* S. B. 531 Mitte. — Altfranz. starker Inf. *resbaudre* st. *-dir* Romanzen v. Bartsch p. 70.

[II², 217; II³, 235] Altfr. Conj. *je vauc* = pr. s. Romanzen ed. Bartsch 266 Mitte.

S. 13. [II², 226; II³, 246 oben. Durchstrichen] Altfr. Conj. Hierher *Augere, adaugere*, Inf. *aoire* »vermehren«. Chrest. franç. (Bartsch) Glossar, vgl. *bibere boire, credere croire, legere leire* s. Rom. Gr. II², 229 [II³, 249]. Auch Roquef. *aoire* »augmenter« Perf. *aoist* = *auxit* Lib. psalm. — *aoite, aoist* »augmente« Ben. Ed. weisen auf *adauctat*.

S. 14—21 leer, ebenso S. 23, 31—33, 35—37.

S. 22. [II², 253; II³, 273. Durchstrichen] wal. *mearge*. Die Herleitung von *emergere* verwirft Delius Jahrb. IX, 126 und erklärt es aus *pergere*. Dagegen: entsteht anlautend *m* je aus *p*? Das Part. müsste *pert* lauten. — *Mergere* heisst nur »eintauchen, senken«, aber *emerg-* »in die Höhe bringen« oder »kommen«. — Vgl. Deutsch »reisen«, ursprünglich »aufstehen, sich erheben, zu Felde ziehen«, s. Weigand. *merge*: »aller passer, pousser, avancer«, alban. *mergoig* »j'éloigne« Cihac. Die Wörter des Gehens zum Theil dunkel. Goth. *skevjan* s. Diefenbach.

S. 24. [II², 298; II³, 321] Ableitung. Accentverschiebung in *iolus*, s. Theil I. Brachet p. 285 erkennt keine Tonverschiebung an, vielmehr entstand um das 7. Jh. ein Diphthong *ieu, eui*, z. B. *gla-ieul, filleul*. Nimmt man aber an, der Ton habe auf dem *i* beharrt, so konnte dieses mit dem vorhergehenden Consonanten nicht verschmelzen, denn betontes *i* thut dies nicht, es hätte *fili-eul* gesprochen werden müssen, *filiólus* musste vorausgegangen sein. Nur aus *linteólum* konnte *linceul* entstehen, da fr. ç durch *ti* oder *tĕ* bedingt wird: so *reseuil* aus *retiólum*, *rougeole* aus *rubeóla*.

[II², 313; II³, 336. Durchstrichen] Nominalableitung. *īnus ivorin eburneus* Lib. psalm. p. 60, *orin aureus* das., *ferrin* (-*eus*) p. 164. 231.

S. 25. [II², 268; II³, 289] Ableitung. Nomen. Substantiva aus 1. Pers. Prs. Ind. ?? fr. *legs* von *lego* »ich vermache«, desgleichen it. *lascio* — it. *assento* = *assenso* »Einwilligung« — pr. *vet* von *veto*? — it. *convegno*, sp. *-enio*, fr. *-ine* von *convenio* oder soviel als *conveniam*.

[II², 260; II³, 280] Nominativzeichen zwischen Simplex und Derivativ lat. *Phryx Phryxianus, lix lixivia* (von *lix* scheint nur der Nominativ vorzukommen). — NB. auch *labo-sus* Lucil. für *laboriosus*.

S. 26. [II², 367; II³, 393] Verbalableitung, s. Schweizer p. 112. Denominativa, meist -are: *nominare (nomen)', levare (levis), metuere, laedere*. — Daher a) meditativa: *cap-essere, arc-essere, pet-issere*, alle aus Subst. — b) frequentativa *-tare, -sare*, auch *-titare, -sitare*, schliessen sich an Part. Perfecti. Viele ohne einfaches Verb. — c) Desiderativa: *esurire, coenaturire*. — d) Deminutiva *-illare*, setzen Substantiva auf *ill* voraus, und auch *-icare: fodic-, albic-*.

[II², 388; II³, 415] Zusammensetzung. Verb. mit Verb. *cale-facere, lique-fieri* 115 oben. Denominativ aber ist *aedificare* und *purefacere* etc. Verbindung mit Adv. *satis-facere, benedicere, intro-ire*. Subst.-Verb. *manu-mittere, usu-capere* etc. 114 oben.

[II², 369; II³, 396. Durchstrichen] Thätige roman. Ableitungen, zugleich lat.: -icare; *ulare, culare; tare, sare (it-, sit-); tiare, siare* nicht lat.; *(izare); illare; attare, ettare, ottare* nicht lat.; *antare, entare* nicht lat.; *ascere, escere, iscere; ucare* nicht lat.; *usare ussare* nicht lat.; [S. 27] *ozzare, uzzare* nicht lat.; *iscar, uscar* nicht lat.

S. 29. [II², 403; II³, 431] Zusammensetzung. Sp. *sa* für lat. *sub*, nach Monlau von der arab. Präposition *sa* dasselbe. Dahin sp. *sancochar* Etym. Wörterb. II b.

S. 30. [II², 428 ff.; II³, 458 ff.] Adverbia (s. Schweizer p. 106) *dunque, donc*, nicht von *dum* in *agedum*; *vicem* »im Wechsel«, it. *in vece* »anstatt«. — Verloren die Adv. auf *-tim* und *-sim: paullatim, sensim*; auf *o* (Acc. Neutr.) p. 107 oben: *continuo, certo, vero*; auf *e: bene, male, longe* (Abl. Neutr. 107 Mitte). — Da ist *semel*. — *itus: funditus, antiquitus*, auch *intus* (ist da) 108 oben. — *ter*: *breviter, sapienter, propter* 108, verwandt; *igitur* 108 unten.

S. 38. [II², 422; II³, 450. Durchstrichen] Prov. *cayna* für fr. *quelle* LR. V, 26. Dafür *quanha* Brev. d'am. I p. 52. 264 etc. nur im fem.

[II², 443 l. Z. *toujours*; II³, 473] Altfr. *tute-jour* Lib. psalm. p. 119. 217, s. Altrom. Gloss.

S. 39. [II², 460; II³, 490 ff.] Interjection fr. *tiens*! lat. *tene sortem tibi* »Da hast Du das Loos« Plautus Cas. 2, 6, 25, vgl. Capt. 4, 2, 58.

[II², 453 s. v. *cum*; II³, 483] Praep. oder Adv. pr. *amay* (»nebst«), oft im pros. Alb. kr., z. B. *ieu cobrarai Belcaire amay totas mas gens* p. 75, *de ma vila amay de nos* (»so wie mit uns«) 77 unten; LR. fehlt es, Neuprov. noch jetzt, nach Honorat vom griech. ἅμα.

[II², 449; II³, 479] Prov., cat. *oc* hält sich an die Lautregel, lat. *hŏc*. Nicht so das fr. *por-uec, auec* etc., deren Diphthong ungewöhnlich ist.

## III.
# Das Vorwort zur 1. Auflage der romanischen Grammatik. Bonn 1836.

Das Vorwort im Band I der ersten Auflage ist in der zweiten Auflage weggeblieben und in der dritten und letzten zu Diez' Lebzeiten erschienenen Ausgabe durch ein gänzlich verschiedenes ersetzt worden. Auch in den späteren Abdrücken der romanischen Grammatik ist das erste Vorwort nicht hinzugefügt worden. Da es aber verschiedene für die Geschichte der romanischen Philologie und speziell für die Würdigung von Diez wichtige Angaben enthält, möge es hier eine Stelle für diejenigen finden, denen die erste Auflage der romanischen Grammatik nicht zur Hand ist.

### Vorwort.

Die historische Untersuchung abgeleiteter Sprachen würde allseitig angestellt folgende Theile in sich fassen: 1) Critik des Stoffes, um zu wissen, ob sich fremde Elemente eingemischt und auf die Gestaltung des heimischen eingewirkt haben. 2) Geschichte der Form in Beziehung auf Buchstaben, Wortgebilde und Flexionen. 3) Darstellung der Syntax mit Rücksicht auf ihre Gesetze in der Grundsprache. 4) Auch der Wandel des Begriffes fordert seine Betrachtung; dieser Theil würde zwar seinem Wesen nach keine systematische Aufstellung gestatten, aber auch als geordnete Sammlung factischer Einzelheiten seinen Werth behaupten.

Gegenwärtiges Buch ist einem auch durch geographische Ausbreitung und litterarische Bildung sich empfehlenden Gebiete gewidmet und hat vornehmlich den practischen Zweck, das wissenschaftliche auf die Ursachen der Erscheinungen achtende Studium sowohl einzelner wie aller dahin gehöriger

Sprachen zu fördern. Die Bedeutung der historischen Grammatik hat sich' neuerlich durch ihre eben so gelehrte als sinnvolle Anwendung auf die deutschen Sprachen erst recht hervorgehoben und auch von andern Seiten ist diese Wissenschaft durch wichtige Beobachtungen bereichert worden. Dass ihr auch solche Sprachen, die aus dem Verfalle andrer hervorgetreten, höchst lehrreiche Seiten darbieten, darf nicht erst anerkannt werden, doch wüsste ich keinen Forscher, welcher das neurömische Gebiet aus diesem Gesichtspunkte solcher Empfehlung gewürdigt hätte wie W. von Humboldt in seiner Schrift über das Entstehen grammatischer Formen. In dem angedeuteten Umfange jedoch ist es nicht meine Absicht diesen Gegenstand zu erschöpfen: ich beschränke mich lediglich auf den zweiten Theil, worin sich der Umbildungsprocess der Form im weiteren Sinne, als dessen was der historischen Grammatik die sichersten und fruchtbarsten Resultate verheisst, vollständig ausspricht. Vorliegende erste Abtheilung umfasst die Lautlehre, eine zweite ist der Wortbildung und Flexionslehre bestimmt. Die Bestandtheile dieser ziemlich gemischten Sprachen habe ich in einer vorangeschickten Abhandlung ganz im Allgemeinen betrachtet, einer specielleren Prüfung schien mir aber das deutsche Element werth zu sein, dem ich daher in der Lautlehre eine eigne Stelle eingeräumt.

Ein so reichhaltiger Gegenstand wie die Formenlehre von sechs Sprachen durfte allerdings auf grössere Ausführlichkeit Ansprüche machen, indessen liess sich auch auf beschränkterem Raume eine gewisse innere Vollständigkeit erreichen, nur mussten die Belege etwas sparsam gegeben, die Vergleichung nach aussen fast ganz auf die mit den romanischen in irgend einem Zusammenhange stehenden Sprachen beschränkt werden und für allgemeinere Betrachtung blieb gar kein Raum; wo freilich das Mannigfaltige von allen Seiten andrängt, ist weder Musse noch Neigung dazu. Die Untersuchung des Stoffes zumal, die, soweit er unrömisch, auf diesem Felde vielleicht so schwierig ist wie auf irgend einem andern, trägt einen besondern Reiz in sich; was ich gefunden, habe ich der Grammatik zu Gute kommen lassen ohne es als das von mir Gefundene zu bezeichnen, da der Leser auf Sachen, nicht auf Personen zu sehen hat. Mit diesen Bestandtheilen je ganz ins Reine zu kommen, wird man verzweifeln und am Ende gestehen müssen, dass das romanische Gebiet ausser dem, was ihm später von verschiedenen Seiten zugeflossen, noch ansehnliche Reste vorrömischer Landessprachen bewahre, ein Geständniss, welches ihm eine gewisse philologische Bedeutsamkeit sichern muss. Bei der Untersuchung des Stoffes sind etymologische Misgriffe freilich nicht zu vermeiden, nur wissenschaftliche Berechnung kann gefordert werden, diese aber auch in ihrer ganzen Strenge. Sowohl in der Herleitung der Wörter wie in der Construction der Lautgesetze hielt ich mich daher überall an den Buchstaben ohne den Vorwurf einer allzu materiellen Auffassung zu scheuen; der Genius, welcher Sprachen schafft und umbildet, ist uns freilich nicht in allen seinen Regungen erkennbar, allein der Verstand dringt auf sinnliche Anschauung, so weit ihre Möglichkeit gegeben ist.

In Betreff der von mir behandelten sechs Sprachen könnte man die Frage erheben, mit welchem Rechte die veraltete provenzalische den übrigen zur Seite gestellt werden durfte? Hierauf bemerke ich nur, dass diese aus der Litteratur nun verdrängte Mundart, da sie noch immer als cultivirtes und nicht unedles Volksidiom einen grossen und schönen Theil des romanischen Europas inne hat, gerechte Ansprüche auf unsre Rücksicht zu haben schien; die ganze Ungleichheit kommt darauf hinaus, dass man von dieser zu ihrer neuern Form abwärts, von den übrigen zu ihren ältern aufwärts steigt. Dem Walachischen ist in der Lautlehre neben dem Italienischen seine Stelle angewiesen worden, da beide in diesem Theile der Grammatik sehr viel gemeinsames zeigen; in den übrigen Theilen würde sich diese Einrichtung nicht anwenden lassen. — Auf strenge Gleichförmigkeit der Orthographie habe ich als auf einen für die etymologische Untersuchung ganz unerheblichen Punkt wenig Gewicht gelegt; dass ich in demselben Sinne hin und wieder ein kaum übliches oder mundartliches Wort einmische, wird man noch leichter dulden.

Bonn im Januar 1836.

## IV.
## Diez' Briefe an Karl Bartsch.

Verschiedene Stellen dieser interessanten Briefe habe ich bereits in meinen Erinnerungsworten mitgetheilt; auf Wunsch von Bartsch, dem es peinlich war, das ihm von Diez brieflich gespendete Lob gedruckt zu sehen, stand ich damals von einem vollständigen Abdruck ab. Nachdem inzwischen Bartsch Diez vorzeitig in das Grab gefolgt ist, steht jetzt der Veröffentlichung kein Hinderniss mehr entgegen.

---

1.

Bonn, 3. Jan. [1855].

**Hochgeehrtester Herr!**

Da Herr Friedrichs, der ohne Zweifel während meiner Abwesenheit mich hier hat aufsuchen wollen, nicht wieder erschienen ist und überhaupt nichts von sich hat hören lassen, so darf ich die Beantwortung Ihres geehrten Schreibens nicht länger aufschieben.

Ich bin mit Ihren Gesichtspunkten bei Abfassung eines provenzalischen Lesebuches ganz einverstanden. Sie werden damit nicht nur dem Anfänger, sondern auch dem Geübteren ein willkommenes Buch in die Hände geben. Auch die Vertretung aller Zweige der provenzalischen Litteratur, auch der Prosa, ist sehr zu billigen. Von den litterärisch berühmt gewordenen Stücken wird sich freilich auf einem Raume von 15 Bogen nur eine kleinere Auswahl mittheilen lassen. Auch mit Durchführung einer möglichst gleichen Orthographie in einem Buche dieser Art bin ich Ihrer Meinung. Für kurze grammatische Tabellen würde ich unmassgeblich stimmen, da ich in der That nicht weiss, woher der Zuhörer oder Lernende diese Kenntniss sonst schöpfen soll, dem die Bücher gewöhnlich fehlen. Wo jedes Lied gedruckt, aber nicht durchaus, wo es wieder abgedruckt ist, würde ich angeben, denn zuweilen wird dem Leser die Vergleichung wünschenswerth sein. Wie Sie es mit den Affixen halten wollen, darüber werden Sie wohl schon mit sich einig sein. Ich meines Theils bin sehr geneigt sie nicht abzutrennen (wie man auch im Mittelhochd. und Mittelniederl. thut); ob in Sammlungen für Anfänger, wäre noch zu bedenken.

Mit vollkommenster Hochachtung
Ihr
ergebenster
Dr. Fr. Diez.

2.
Giessen, den 24. Aug. 56.
auf einer Ferienreise.

Vor allen Dingen, hochgeehrter Herr, meinen verbindlichsten Dank für das Geschenk, welches Herr Friedrichs in lhrem Namen mir übersandt hat. Demnächst Bitte um Entschuldigung dieser verspäteten Erwiderung, welche lediglich darin ihren Grund hat, dass ich das Lesebuch erst kennen lernen wollte; meine Musse aber war in dem verwichenen Semester namentlich durch neue Abfassung des 1. Theiles meiner rom. Gr., überdies aber auch durch Unwohlsein, hauptsächlich Augenschwäche (mein gewöhnliches Übel), so beengt, dass ich selbst bis jetzt nur eine allgemeine Kenntniss des Buches habe nehmen können. Es fehlt mir nicht an gutem Willen, Ihrem Wunsche entgegen zu kommen, wiewohl ich dieser Art litterarischer Thätigkeit längst Lebewohl gesagt habe, allein ich kann nichts versprechen, da mich ein von so gründlichen Studien zeugendes Buch länger beschäftigen würde, als das für die Durchsicht, theilweise auch Umarbeitung des 2. Th. der genannten Gramm. schon in Anspruch genommene Wintersemester, welches ich wohl gegen Ende Octobers antrete, mir eigentlich gestattet. Übrigens kann ich durchaus nicht absehen (und Sie sind wohl selbst mit mir einverstanden), wie eine tüchtige Leistung sich nicht von selbst Eingang verschaffen sollte. Ich denke, wer Provenz., Altfr., überhaupt Romanisch studiert, kann ein Buch wie das Ihrige, schon wegen des fleissig gearbeiteten Glossars, gar nicht entbehren, und wer dergleichen nicht studirt, wird sich durch eine Recension schwerlich bewegen lassen, sich dasselbe anzuschaffen.

Meinen herzlichen Glückwunsch zu der Ihrer Richtung ganz entsprechenden Stellung, die Sie am german. Museum gewonnen haben!

Mit der grössten Theilnahme, die sich von selbst versteht, erwarte ich Ihre Denkmäler der prov. Litt. Ich bin Mitglied des Stuttg. Vereins, d. h. ich theile die Publicationen mit Prof. Simrock.

Mit grösster Hochachtung

der Ihrige
Fr. Diez.

---

3.

Bonn, 11. Decbr. 57.

**Hochgeehrter Herr!**

So spät empfangen Sie meine Antwort auf Ihr letztes freundliches Schreiben und meinen herzlichen Dank für das ihm beigefügte treffliche Geschenk! Ich muss deshalb um gütige Entschuldigung bitten. Ich wollte erst, nachdem ich gelesen, antworten und die Zeit war mir in diesen letzten Wochen so knapp zugemessen, hauptsächlich durch den Druck des II. Theiles meiner Grammatik (wofür sich das völlig umgearbeitete Ms. noch immer nicht in befriedigendem Zustande befand), dass ich oft an einem ganzen Tage nur wenige Blätter lesen konnte. Als ich in den letzten Ferien (Anfang September) von Bamberg nach München fuhr, hätte ich gerne in Nürnberg Halt gemacht, um Sie wieder einmal zu sehen, allein die Ungewissheit, Sie zu einer Zeit, wo alle Welt und namentlich die Litteraten auf der Reise sind, zu treffen, hielt mich zurück; übrigens reiste ich auch in Gesellschaft und war also nicht ganz frei. Ihr P. Vidal hat mich in eine Zeit zurückversetzt wo ich ganz in der Provence lebte, und hat theure Erinnerungen in mir geweckt. Welch einen ernsten Verlauf haben diese Studien genommen. Wie hätte sich der Troubadour träumen lassen, dass seine Lieder nach vielen hundert Jahren von einem Alaman oder Ties gesammelt und mit einer jedes Wort erwägenden Sorgfalt aufgezeichnet und der ganzen europäischen Welt zur Schau gestellt würden. Als ich anfieng, war für die romanische Philologie in Deutschland noch wenig geschehen. In Ihren Arbeiten, namentlich in dieser neuesten, die überall die sichere Hand des Meisters verräth, muss man die grossen Fortschritte dieser Kunst anerkennen. Jede Ihrer Schriften bringt mir Lehrreiches; namentlich interessierten mich Ihre metrischen Beobachtungen. In Vidals Lebensgeschichte stimme ich Ihnen in allen wesentlichen Punkten bei und habe Ihnen noch besonders zu danken für die Nachsicht, mit welcher Sie meine Irrthümer berichtigen. Ueber einzelne Punkte oder Pünktchen in Ihren beiden früheren Schriften hätte ich Ihnen wohl einige Fragen vorzulegen, ich verspare dies aber auf gelegenere Zeit, besonders da ich künftigen Sommer, wenn nichts Hinderndes dazwischen kommt, mit Benutzung ihres Lesebuches Unterricht in provenzalischer Sprache geben werde. Jeder Freund dieser Sprache und Poesie wird meine Freude darüber theilen, dass Sie noch andre Dichter in dieser Art zu bearbeiten gedenken; nur aus solchen Monographien und Einzelausgaben wird sich am Ende ein würdiges Bild des provenzalischen Dichterlebens zusammensetzen lassen.

Gebe der Himmel, dass sich Ihre Aussichten auf die Professur der deutschen Litt. zu R[ostock] verwirklichen, wenn dies nicht bereits geschehen ist; ich denke mir, dass Sie dort mehr Musse finden werden, Ihre Studien zu verfolgen als in Nürnberg.

Mit wahrer Hochachtung nenne ich mich

Ihren ergebensten

Fr. Diez.

## 4.

Bonn, 19. Juli 60.

Nicht ohne grosse Vorwürfe, sehr verehrter Herr und Freund, nehme ich Ihr Schreiben vom 9. Aug. v. J. zur Hand, welches noch immer unbeantwortet daliegt. Die erste Ursache dieser unverantwortlichen Verzögerung war der Plan, Sie in Rostock zu besuchen, d. h. meine im August vollzogene Reise nach Berlin über Rostock zu richten, wo ich noch einen andern verehrten Freund aufgesucht haben würde, Appell. Gerichtsr. Budde. Allein der bekannte unheimliche Gast, der sich unterdessen dort eingefunden hatte, scheuchte mich für diesmal zurück. Wie oft aber habe ich deshalb an Sie gedacht!

Für den Abdruck der lehrreichen Abhandlung über provenzal. Reimkunst sage ich Ihnen meinen verbindlichsten Dank, doch hätte es, da ich das Jahrbuch selbst halte, Ihrer gütigen Zusendung nicht bedurft. Dass ich Ihren in Aussicht gestellten Grundriss der prov. Verskunst mit Verlangen entgegensehe, können Sie denken. Der Wechsel zwischen deutscher und romanischer Beschäftigung, von dem Sie reden, wirkt auch auf mich wohlthätig, denn wenn ich auch für das Deutsche nicht schriftstellerisch thätig bin, so lese ich doch fortwährend wenigstens das auf gothischem, alt- und mhd. Gebiet Erscheinende mit Interesse. Dass Ihre Ausgabe des P. Vidal Sie noch nicht ganz befriedigt, kann ich mir nur aus ihrem gewaltigen Vorwärtsstreben erklären; mir selbst ist sie in der Methode wie in der Ausführung durchaus meisterhaft erschienen und es wäre zu wünschen, dass Sie, wozu Sie bereits Hoffnung gemacht haben, auch andere Roman. Dichter in gleicher Weise behandeln möchten. Auf die Franzosen zähle ich, was wahrhaft kritische Ausgaben betrifft, so wenig wie Sie, wie wohl die Herren anfangen, den Werth der romanischen Philologie in Deutschland zu begreifen. Von C. Hofmann erfuhr ich mit Vergnügen, dass er (unter vielen andern Dingen) ein altfranzösisches Lesebuch herauszugeben beabsichtige, worin wir ein Seitenstück zu Ihrem provenzalischen besitzen werden. Als er mich vor zwei Jahren hier besuchte, machte ich ihn auf eine werthvolle Hs. zu Hildesheim aufmerksam, altfranz. Le repuns saint Gregorie a Secundin le reclus etc.

Anfang: Altra cóse est aúrier la peinture e altra cose est par le historie de la peinture ap'ndre quela cose seit ad aúrier etc. Zwei Monate später war ich selbst an Ort und Stelle, um sie zu sehen, konnte aber nicht dazu kommen, weil wer mich davon benachrichtigt hatte, verreist war. Mit Vergnügen erfuhr ich vorlängst von Delius, dass H. sich selbst nach Hildesheim begeben wird, um sie zu copieren, denn sie wird nicht verschickt. Ich habe soeben den 3. Band der 2. Ausgabe meiner Grammatik zu Ende geführt und werde Ihnen denselben ganz in der Kürze übersenden. Umgearbeitet ist er nicht, aber hier und da berichtigt und etwas erweitert. Ueberdies wäre eine neue Ausgabe des etymologischen Wörterbuches nöthig und ich muss nächstens daran gehen, wiewohl ich zu etymologischen Grübeleien gar nicht mehr recht aufgelegt bin. Leider ziehen sich meine Arbeiten bei meiner Ihnen bekannten Augenschwäche, die eher zu- als abgenommen hat, gar sehr in die Länge, so dass ich nie voraussagen kann, wann ich mit einem Gegenstande fertig werde. — Die Nachrichten über unsern Simrock lauten zwar günstiger, aber doch keineswegs befriedigend. Dass er künftiges Semester wieder zum Lesen kommen werde, daran ist wohl schwerlich zu denken.

Indem ich Sie bitte, mir Ihr Wohlwollen auch ferner zu erhalten, nenne ich mich mit grösster Hochachtung

Ihren ergebensten
Fr. Diez.

5.
Bonn, 28. Octbr. 66.

Hochgeehrter Herr und Freund!

Vorgestern Abend von einer Ferienreise heimgekehrt fand ich |unter den mir zur Ansicht zugeschickten Büchern auch Ihre Chrestomathie. Von der Zueignung hatte mich Gaston Paris, der mich in Giessen besucht, schon in Kenntnis gesetzt. Aber noch habe ich dies für mich bestimmte Geschenk nicht gesehen, dessen Rolle bis jetzt noch der Begleitschein vertritt; denn gestern ist die Abholung vom Steueramte durch ein Missverständnis nicht ausgerichtet worden und heute (Sonntag) ist das Bureau geschlossen. Ich kann aber den heutigen Tag nicht vorübergehen lassen, ohne Ihnen meinen innigsten Dank auszudrücken für dieses neue Zeichen Ihrer Freundschaft, denn nur als solches kann ich es verstehen. Aber indem ich es empfange, muss ich bedauern, dass ich nicht im Stande bin, Ihnen meine Ergebenheit und meine Verehrung durch eine wenn auch bescheidene Gegengabe auszusprechen, da ich schwerlich noch eine Schrift liefern werde, welcher ich Ihren Namen vorzusetzen den Mut haben dürfte. Auch für andere treffliche Zusendungen, womit Sie mich seit Jahren erfreut haben, spreche ich Ihnen bei dieser Gelegenheit meinen Dank aus. Wohin Sie Sich wenden auf romanischem oder deutschem Gebiete, machen Sie nur Beobachtungen u. Entdeckungen: das weiss alle Welt!

Ich habe noch kaum einen Blick in das inhaltreiche Werk thun können. Besonders interessant war es mir, dass Sie die alte Passion Christi zur Hälfte aufgenommen haben. Ich habe nämlich schon im Juli d. J. eine neue Kritik derselben zu Ende geführt (denn ich arbeite langsam) und sie am Anfange September für das Jahrbuch von Lemcke eingesandt, in dessen 3. Heft sie erscheinen soll. Ihr Text würde mir ohne Zweifel zu manchen Berichtigungen und Änderungen Anlass geben; es fehlt mir indessen für jetzt an Lust, auf eine abgethane Sache wieder zurückzukommen. — Mit bestem Gruss

Ihr treu ergebener
Fr. Diez.

6.

Giessen, 20. Oct. 1867.

Hochgeehrter Freund!

Gleich nach Empfang Ihres lieben Briefes, der mich richtig in Giessen traf, schrieb ich an Professor Lemcke, welcher seine Übersiedelung hierher in diesem Monat noch nicht ausführen wird, um ihn zu bitten, der philosophischen Fakultät zu Marburg, oder wenn dies nicht gehen sollte, wenigstens privatim einzelnen Mitgliedern derselben Ihre Berufung als eine im Interesse der Universität höchst wünschenswerthe ans Herz zu legen. Schon am folgenden Tag erhielt ich Antwort und Tags darauf besuchte er mich hier. Er war in der That von der Fakultät, der er nicht mehr angehörte, zu Vorschlägen in Betreff der Wiederbesetzung seiner Stelle bereits aufgefordert worden und erklärte sich mit mir ganz einverstanden, dass Sie und kein anderer (was sich von selbst versteht) primo loco genannt werden müssen. Leider sei der Erfolg zweifelhaft, da die Regierung auch den dasigen Lehrstuhl nur mit einem Extraordinarius besetzen zu wollen scheine, wie dies neuerdings in Halle und Berlin geschehen sei und auch in Breslau in Aussicht stehe. Ich werde Lemcke ersuchen, wenn die Vorschläge der Fakultät nach Berlin abgegangen sind und Ihr Name sich unter den vorgeschlagenen befindet, woran ich kaum zweifele, mich davon in Kenntnis zu setzen. Etwas anderes wäre es freilich, wenn der Minister vorher erklärt hätte, es könne nur von einem Extraordinariat die Rede sein. Daran glaube ich aber nicht, weil ich keinen Fall kenne, dass man eine ordentliche Professur in eine ausserordentl. verwandelt habe. Sind Sie unter den Genannten, so ist es meine Absicht, irgend einer einflussreichen Persönlichkeit im Ministerium des Cultus ihre Berufung als einen wahren Gewinn für Preussen dringend zu empfehlen. Sind Sie es nicht, so würde ich nicht wagen (was auch eine vergebliche Mühe wäre), dem Vorschlagsrecht der Universität entgegen zu treten. —

Ich ergreife mit Vergnügen diese Gelegenheit, Ihnen für die gütige, wenn auch unverdiente Zueignung meinen nochmaligen innigen Dank auszusprechen. Ich hatte das ausgezeichnete Werk mit hierher genommen, um es von Anfang bis zu Ende durchzustudieren, nachdem ich bis jetzt nur einzelne Stücke darin gelesen hatte. Zufälliger Weise aber traf ich auf hiesiger Bibliothek mehrere in Bonn fehlende Bücher, die es mir ratsam schien vor allen Dingen durchzuarbeiten, da sie mir ein andermal vielleicht nicht so unbedingt zu Gebote stehen möchten. Diese Beschäftigung füllte denn diesmal, einige Ausflüge abgerechnet, meine ganze hiesige Zeit aus. —

Der zweiten Ausgabe des provenzalischen Lesebuchs sehe

ich mit Freuden entgegen und danke Ihnen schon jetzt für deren gütige, von mir nie zu vergeltende Zusendung. Meine Zuhörer haben sich letzten Sommer erbärmlich behelfen müssen, da es durchaus an Exemplaren fehlte. Ich bin begierig zu sehen, wie Sie, als der grösste Kenner dieser schönen Sprache, nach Verlauf vieler Jahre über manche Textstellen und Wortbedeutungen urtheilen werden. Aus Ihren Äusserungen schliesse ich, dass diese Ausgabe nicht bedeutend theurer ausfallen wird als die erste, was für den academischen Gebrauch nicht unwichtig ist. Mit inniger Verehrung, wie immer,

der Ihrige<br>F. Diez.

## 7.

Bonn, 1. Dec. 67.

Lieber Freund!

Ich hatte eben Ihren letzten Brief zu Ende gelesen, da trat Böcking, der mich jährlich nur etwa einmal besucht, ins Zimmer. Ich hielt dies für ein gutes Omen. Er erklärte mir aber, dass er *nicht* an Haupt schreiben werde, weil er überzeugt sei, dass es eher schade als helfe; es könne sein, dass ich mehr ausrichte als er. Ich bezweifle dies nun zwar, bin aber doch entschlossen, einige Zeilen an Ihn zu richten. Aber was werde ich sagen können? Ihre ausgezeichnete Stellung in der romanischen Philologie kennt er, denn ich selbst habe ihm einmal davon gesprochen; später wird er sich auch auf anderem Wege davon überzeugt haben. Ihre germanische Seite dürfte ich gar nicht oder nur leise berühren; darüber wird er mir kein Urtheil zugestehen, worin er auch Recht hat. Berufe ich mich auf das Präsentationsrecht der Facultät, was jeder Professor in Ehren halten muss, so kann er mir erwiedern, dass dem Minister die Wahl unter den Candidaten zustehe, dass er nicht an die erste Candidatur gebunden sei. Es bleibt mir nichts übrig als nochmals auf Ihre ehrenvolle Stelle in der Wissenschaft zurückzukommen und die Erfüllung Ihres Wunsches, etwa mit Hindeutung auf das Klima, als meinen eigenen Wunsch zu bezeichnen. Von dem in Ihrem ersten Schreiben (8. Oct.) ausgesprochenen Verzicht auf Ihre germanistische Lehrthätigkeit in der neuen Stellung mache ich keinen Gebrauch, das wäre zu viel, übrigens auch gegen den Wunsch der Marburger Facultät.

Was die übrigen Ihre Angelegenheit betr. Facta belangt, so fand ich nach meiner Rückkehr hierselbst einen Brief von Professor Schmidt in Marburg, der mich ersuchte, geeignete Persönlichkeiten zu nennen. Ich nannte, wie sich versteht, keinen andern Namen als den Ihrigen und gab die nöthigen Erläuterungen. Meine Empfehlung war dringend und hat sichere Wirkung gethan, um so mehr als Lemcke mit mir übereinstimmte. Der Mann, an den ich sodann schrieb, ist Geh. Rath Olshausen in Berlin, der einzige unter den höheren Beamten daselbst, an den ich, ohne unbescheiden zu sein, mich wenden konnte, denn ich kenne ihn persönlich, d. h. er hat mich hier einigemal besucht. Auch dieser Brief war dringend, und ich möchte fast glauben, dass er Eindruck machen könnte. Doch kann ich nicht verschweigen, dass meine Hoffnungen nicht sehr kühn sind. Die Fakultät hat, so viel ich weiss, noch zwei junge Männer vorgeschlagen, die, als Extraordinarien, sich mit einem geringeren Gehalte begnügen würden. Wer weiss, ob der Geldpunkt nicht am Ende den Ausschlag geben könnte.

Ihr herrliches Werk habe ich erhalten und sage Ihnen meinen innigen Dank dafür. Künftigen Sommer, für welchen ich wieder provenzalische Sprache angekündigt habe, werde ich es näher kennen lernen, worauf ich mich freue.

In treuer Ergebenheit
der Ihrige
F. Diez.

---

Hier schalte ich das in Brief 7 erwähnte, an Prof. L. Schmidt gerichtete Gutachten ein, dessen Original in den Akten der Marburger philosophischen Fakultät aufbewahrt wird.

Nr. 106　　　　　　　　　　　　　　Bonn, d. 30. Oct. 1867.
P. O. P.　　Hochgeehrter Herr College!

Etwas spät hieher zurückgekehrt von einer Ferienreise fand ich Ihr die Wiederbesetzung des Lehrstuhls für moderne Philologie betreffendes Schreiben. Ich kann die Frage, mit welcher Sie mich beehrt haben, damit beantworten, dass ich den Namen eines Mannes nenne, der von allen Fachgenossen in jeder Rücksicht als einer der ersten anerkannt ist, Karl Bartsch, ordentl. Professor zu Rostock. Ich weiss, dass er diesen Ort gerne mit Marburg vertauschen würde. Prof. Bartsch kann in allen Zweigen des Faches hervorragende Leistungen aufzeigen, in der Grammatik, Metrik, Textkritik: sein Pierre Vidal z. B. (erschienen 1857) gehört zu den trefflichsten Ausgaben irgend eines altromanischen Dichters. Seine Forschungen auf dem Gebiete der betreffenden Litteraturgeschichte (meist in dem Jahrb. für roman. und engl. Litt.) liefern überall neue Resultate und empfehlen sich auch durch feines ästhetisches Urtheil. Bemerkenswerth ist ferner, dass er seine altfranzösische Chrestomathie, vermuthlich auch seine mir noch nicht zugekommene zweite Ausgabe des prov. Lesebuches (beide Werke grossentheils aus Hss. geschöpft) in französischer Sprache abgefasst hat: es lässt sich also wohl annehmen, dass er des französischen Stiles mächtig ist. Auch auf seine fruchtbare Thätigkeit auf dem Gebiete altdeutscher Litteratur dürfte hingewiesen werden, doch ist es meine Sache nicht, darüber zu urtheilen. Dass er des Englischen mächtig sei, lässt sich bei einem Manne, der Romanisch und Altdeutsch gründlich versteht, kaum bezweifeln. Prof. Delius habe ich nicht gesprochen, hoffe aber, dass er, im Falle ihm Bartschs Wunsch bekannt geworden, dasselbe Urtheil aussprechen wird oder ausgesprochen hat, wie ich. Soviel ich gehört habe (Sicheres weiss ich nicht darüber), bezieht B. denselben oder ungefähr denselben Gehalt, den Prof. Lemcke in Marburg bezogen hat. Hochachtungsvoll empfiehlt sich Ihnen

　　　　　　　　　　　　　　　　　Ihr ergebenster
　　　　　　　　　　　　　　　　　F. Diez.

An Professor Dr. L. Schmidt in Marburg.

Trotz des vorstehenden Gutachtens wurden im letzten Augenblick (aus den Akten ergiebt sich nicht worauf hin) noch die beiden Privatdocenten Dr. ten Brink in Münster und der völlig unbefähigte Dr. Treitz in Bonn an letzter Stelle von der Fakultät in Vorschlag gebracht und letzterer alsbald von der Regierung als ordentlicher Professor berufen. Er wurde jedoch, als er eben in Marburg eingetroffen war, von einer unheilbaren Geisteskrankheit befallen, deren Spuren schon in Bonn den Studierenden aufgefallen waren, und starb bereits 1869 in einer Irrenanstalt.

---

8.

Bonn, 9. Febr. 68.

Theurer Freund!

Herzlichen Dank für Ihren Neujahrsgruss und volle Erwiederung desselben! Möge der Himmel unsere Bemühungen mit bestem Erfolge krönen! Die Aussichten scheinen mir freilich nicht günstig, doch ist alles möglich. Gleich nach Empfang Ihres letzten oder eigentlich vorletzten Briefes (den ich bereits beantwortet habe) schrieb ich an Haupt in sehr vorsichtiger, aber angelegentlichen Weise, und bat ihn um Unterstützung Ihrer Angelegenheit bei Olshausen (von dem doch als vortragendem Rath im Ministerium am Ende alles abhängt), habe aber keine Antwort erhalten. Nicht lange vorher, etwa 10—12 Tage, hatte Böcking mit meiner Zustimmung um seine Photographie für mich gebeten; sie war ihm (von seiner Tochter, glaube ich) zugesagt worden, ist aber nicht angekommen. Ich habe also wohl guten Grund, ihn für verstimmt zu halten. Lemcke, der mir am 2. d. M. schrieb, wusste nichts Neues, aber von allerhand Intriguen, die gegen Sie in Berlin im Gange seien, wusste er gleichfalls. Eine Resolution wird doch wohl bald erfolgen, denn wir rücken schon auf das Ende des Semesters los und eine Wiederbesetzung der Stelle ist, schon wegen der Examina, unumgänglich. — Dieses Semester ist für mich sehr ungünstig ausgefallen, da ich schon seit Mitte December einen heftigen Katarrh habe, um deswillen ich neulich 14 Tage aussetzen musste, und jetzt in die Universität zu *fahren* genötigt bin. — Mit herzlichem Gruss Ihr

Fr. Diez.

## 9.

Bonn, 20. Febr. 68.

Vorgestern, verehrter Freund, erhielt ich ein amtlich confidentielles Schreiben aus der philosophischen Facultät zu Würzburg, worin ich ersucht ward, einige Persönlichkeiten zu nennen, die ich für geeignet halte, eine Professur entweder für romanische und deutsche Philologie zugleich, oder auch für romanische allein, in würdiger Weise zu vertreten (es versteht sich, an dortiger Universität). Hierbei ist Ihr Name, in Beziehung auf die doppelte Professur, schon ausgesprochen worden. Sind Sie nun geneigt, auf die Sache einzugehen, so werde ich Ihre Vocation, wie sich von selbst versteht, dringend empfehlen. Rath geben kann ich nicht, da ich Würzburg nicht kenne. Ich bemerke noch, dass die Sache ungewiss genug ist, da es, wie der Brief sagt, wahrscheinlich ist, dass sich die Facultät für die Trennung beider Professuren entscheiden wird. Alsdann würden ohne Zweifel auch die Gehälter geschmälert werden (die Folgerung ist von mir).

Um baldige Antwort bittet

Ihr F. Diez.

## 10.

Bonn, 3. Mai 68.

Lieber Freund! (wollen wir nicht das »sehr verehrt, hoch verehrt« abschaffen?) Herzlichen Dank für die schöne Photographie, die ich vor mehreren Tagen d. h. nach meiner Rückkehr von Giessen vorfand, und um welche ich übrigens im Begriffe war zu bitten. Wenn ich Ihnen die meinige beiliegend übersende, so weiss ich sehr wohl, dass Sie einen ungleichen Tausch thun, aber wie kann ich anders?

Das Endergebnis der Marburger Angelegenheit wird Sie überrascht haben, wie es auch mich überascht hat. Der Zusammenhang der Sache ist mir unbekannt.

Sie fragen, ob ich eine gründliche Arbeit kenne über altital. Rhythmik. Ich muss leider mit Nein antworten und dieses Nein erklärt sich vor allem aus der Armuth der hiesigen Bibliothek an Büchern dieses Faches. Wer könnte Ihnen aber bessere Auskunft geben als Mussafia? Nur ist er gegenwärtig, wie ich gehört habe, leidend und diesem Umstande schreibe ich es zu, dass er ein vor 2—3 Monaten von mir an ihn abgegangenes Briefchen nicht beantwortet hat. Ihrem Werke über provenzal. Rhythmik sehe ich, wie alle unsere Fachgenossen, mit grossem Interesse entgegen. Herzlich grüsst

Ihr F. Diez.

## 11.

Bonn, 21. Dec. 69.

Lieber und verehrter Freund!

Als ich vor einigen Tagen das von Ihnen empfangene herrliche Geschenk zum Buchbinder schicken wollte, bemerkte ich erst zu meiner Überraschung, dass ein Brief von Ihnen darin lag, für dessen verspätete Beantwortung ich nun um gütige Entschuldigung bitten muss. Herzlichen Dank nun für dieses Werk sowohl wie für die heil. Agnes, die mir Lemcke in Ihrem Auftrag überbrachte. Das Studium derselben muss ich leider noch einige Monate hinausschieben. Ich habe nämlich, um fertig zu werden, mir fest vorgesetzt, nichts Neues zu lesen, sei es auch was es wolle, bis der 1. Band der Roman. Gramm. sowie das ganze Wörterbuch von neuem gedruckt vor mir läge, was wohl frühestens Ende April geschehen könnte. Von jedem der beiden Bücher ist nun der 1. Band fertig und ich werde Ihnen beide Bände auf dem Wege des Buchhandels demnächst zugehen lassen, wobei sich mir auch diesmal der Gedanke aufdrängt: »So wenig für so viel«. Ich habe mich bemüht, etwas für die neuen Ausgaben zu thun, allein im ganzen ist es nicht genügend. Die Zeit war zu kurz.

Treitzens frühzeitiger Tod wird Sie, wie alle Welt, überrascht haben. Sein Arzt hatte diesen Ausgang seiner Geistesstörung vorausgesehen und vorausgesagt. Unglücklicherweise hatte er vorher noch einen Bauplatz gekauft und ein Haus zu bauen angefangen, wodurch seine Ältern einen für ihre Lage nicht unbeträchtlichen Verlust erlitten haben. Sein Nachfolger ist, wie Sie wissen werden, Dr. Ten Brink, bisher Privatdocent in Münster, jetzt Ordinarius mit einem Gehalt von 800 Thalern, nicht wenig für einen jungen Mann, der kaum angefangen hat. Auch Sie sind damals von der Marburger Facultät vorgeschlagen worden, aber wie ein Mitglied derselben an mich schrieb, fast ohne Aussicht auf Erfolg, theils »wegen des Geldpunktes, theils wegen einer gewissen Missliebigkeit in Berlin\*)«. Als ich neulich (Anfang September) nach Giessen kam, erfuhr ich, dass Tobler die Stelle erhalten werde, dieser selbst aber versicherte, er habe keinen Schritt dafür gethan, wobei er hauptsächlich in Erwägung gezogen habe, dass er der englischen Sprache nicht in dem Grade mächtig sei, wie dies dort verlangt werde.

Mit den besten Wünschen für Ihr ferneres Wohlsein

der Ihrige

Fr. Diez.

\*) Worte von Prof. L. Schmidt, welcher sich auch damals an Diez wegen Vorschlägen gewandt hatte. Diez sprach sich unter dem 17. Juli 1869 in seiner Antwort, »da Prof. Bartsch in Berlin einflussreiche Gegner zu haben scheint, übrigens auch die Mittel Ihrer Universität zu seiner Anstellung nicht ausreichen würden«, nunmehr für die Berufung ten Brinks aus (vgl. P. O. P. 1869 zu Nr. 56 der philos. Fakultät in Marburg).

---

12.

Bonn, 9. Febr. 70.

Lieber Freund, nur einige Zeilen im buchstäblichen Sinn des Wortes. Die Freiexemplare von Grammatik und Wörterbuch Bd. I liegen schon seit geraumer Zeit ruhig da, müssen aber jetzt fort in die Welt. Buchhändler Weber hierselbst wird den ersten Band der Gramm. an Sie besorgen, den 1. des Wörterbuchs erlaube ich mir bis zum vollendeten Druck des zweiten für Sie zurückzulegen. Dies ist Alles! In treuer Ergebenheit, wie immer, der

Ihrige

F. Diez.

### 13. (Karte.)
Einstweilen herzlichen Dank für den lieben Brief.
4. Jan. (1871).

Fr. Diez.

---

### 11.
Theurer Freund!

Herzlichen Dank für Ihr freundschaftliches Schreiben! Leider muss ich bemerken, dass mein Ausflug nach Giessen und mein Abstecher nach Heidelberg etwas unsicher geworden sind, da ich seit mehreren Tagen mit einem lästigen Unwohlsein (astmathischer Natur) behaftet bin. Doch halte ich es für möglich, die kleine Reise, welche für mich ein Bedürfnis geworden, auszuführen, und in diesem Falle werde ich mich möglichst nach Ihrem Briefe richten.

Herzlichen Glückwunsch zu Ihrer Versetzung in das schöne Heidelberg. Hoffentlich wird diese Ihren gerechten Wunsch vollständig befriedigen.

In den letzten Wochen habe ich mit grossem Vergnügen und grosser Belehrung Ihre »Altfranzösische Romanzen und Pastourellen« gelesen und benutzt — eine neue herrliche Frucht Ihres unermüdeten Geistes. In verehrungsvoller Freundschaft

Bonn, 20. Sept. 71. der Ihrige

F. Diez.

---

### 15.
Theuerster Freund!

Nochmals drücke ich mein Bedauern aus, dass ungünstige Zufälle, schlechtes Wetter und mehrtägiges Unwohlsein von meiner Seite unsere Zusammenkunft durchkreuzt haben. Auch auf meinen Ausflug nach Giessen habe ich verzichten müssen.

Nicht wenig hat mich die Kunde von einem neuen Produkt Ihrer vielseitigen und ruhmvollen Thätigkeit überrascht. Seit dem Erscheinen meiner Schriften über provenzalische Litteratur hat sich vieles ereignet, was ein solches Werk von Ihrer Hand höchst wünschenswerth macht. Vor etwa anderthalb Jahren erhielt ich vom Buchhändler Hirzel die Aufforderung, in seinem Verlage eine neue Ausgabe meiner erwähnten Schriften auszuarbeiten, was ich aber als ein für mich zu mühsames Geschäft ablehnen musste, und dabei ist es geblieben.

Der 2. Band meiner Grammatik (3. Ausg.) ist vor etwa 14 Tagen bis 3 Wochen erschienen, was ich erst vor einigen Tagen erfahren habe. Weber wird Ihnen nun baldigst ein Exemplar in meinem Namen übersenden, welches ich Ihrem nachsichtigen Urtheile empfehle.

Was meine Vorlesungen betrifft, so ist es jetzt das dritte Semester, das ich in meiner Wohnung zu lesen genötigt bin, da ich wegen meiner rheumatischen Anlage den Hin- und Herweg nach und von der Universität zurückzulegen nicht wohl im Stande bin, was der Zahl meiner Zuhörer einigermassen schadet. Ich habe in der Geschichte der roman. Sprachen bis jetzt 7 Zuhörer, in der gothischen Grammatik 5. Im vorigen Semester hatte ich in der althochd. Grammatik 9, in der provenz. Sprache und Litteratur (mit Zugrundelegung Ihrer Chrestomathie) 11. Sie sehen, dass ich mich fort und fort mit dem Altdeutschen abgebe; es ist mir ein Bedürfnis geworden.

Mögen Sie sich in Ihrer neuen Heimath recht wohl fühlen!
In treuer Ergebenheit
Bonn, 11. Nov. 71.              der Ihrige
F. Diez.

## 16.

Herzlichen Dank für den liebenswürdigen Brief! — Meine näheren Freunde bitte ich, in meiner gegenwärtigen Brief-Bedrängnis mit einer lakonischen Antwort fürlieb zu nehmen.
Bonn, 12. Jan. 1872.
Fr. Diez.

17.

Theuerster Freund!

Mit Freuden werde ich Sie bei mir empfangen, bedauere nur, Sie nicht beherbergen zu können, da wir seit einer Wohnungsveränderung in hohem Grade eingeschränkt sind, was leider nicht zu ändern war. Wir wohnen gegenwärtig Weberstrasse 15.

14./4. 74.
              Ihr
              Fr. Diez.

---

18.

Bonn, 7. Juni 74.

Theuerster Freund!

Ich freue mich, endlich wieder einmal Gelegenheit zu haben, Ihre zahlreichen, höchst werthvollen Zusendungen an mich wenigstens einigermassen zu erwiedern. Da ich mich aber durchaus nicht auf praktische Dinge verstehe, so wollte ich meinen Verleger ersuchen, die Verpackung und Zusendung zu übernehmen, wozu ich ihm ein Exemplar der 3. Ausgabe zusenden würde. Gestern ward ich durch Regen am Ausgehen gehindert und heute haben wir Sonntag, morgen aber soll es geschehen. Verzeihen Sie die späte Antwort, es ist ein unüberwindlicher Fehler von mir! Herzlichen Gruss von meiner Schwester!

              Der Ihrige
              F. Diez.

Bitte mich gelegentlich mit zwei Zeilen von dem Empfang des Packets in Kenntnis zu setzen.

# V.
## Zwei Dankschreiben von Diez
### an die Göttingische Gesellschaft der Wissenschaften.

Kollege Stimming hatte die Freundlichkeit, mir von nachstehenden Dankschreiben, deren Originale sich jetzt auf der Göttinger Universitäts-Bibliothek im Cod. mscr. hist. lit. 116 Bd. IV Nr. 115 und Bd. V Nr. 2 befinden, Abschrift zugehen zu lassen. Vgl. Erinnerungsworte S. 15 unter 12.

---

### 1.
Hochgeehrtester Herr!

Indem ich Ihnen den Empfang des Diploms, wodurch die Königl. Societät der Wissenschaften zu Göttingen mich zu ihrem Mitgliede zu ernennen die Güte gehabt, ergebenst anzeige, ersuche ich Sie zugleich, dieser hochachtbaren Gessellschaft meinen innigsten Dank für eine Auszeichnung, deren Werth ich in seiner vollen Bedeutung zu würdigen weiss, ausdrücken zu wollen. Mit ausgezeichneter Hochachtung habe ich die Ehre mich zu nennen

Ew. Hochwohlgeboren

Bonn, 20. December 1864.          ergebensten

Dr. Friedr. Diez.

---

2\*).

Die Königliche Societät der Wissenschaften zu Göttingen, welcher ich seit einer Reihe von Jahren anzugehören die Ehre habe, hat in ihrem Schreiben vom 28. December 1871 aus Anlass meines fünfzigjährigen Doctorjubiläums einen Glückwunsch an mich zu erlassen die Güte gehabt. Für diese wohlwollende Aufmerksamkeit von Seiten einer hochachtbaren Gesellschaft gelehrter Männer fühle ich mich zu innigem Danke verpflichtet, den ich hiermit auszusprechen nicht verfehle. Mögen mir dieselben ihre freundliche Gesinnung bewahren, wie ich Ihnen meine Verehrung und meine Ergebenheit bewahre!

Bonn, 16. Januar 1872.

Professor Dr. Friedrich Diez.

\*) Die 7 ersten Zeilen dieses Briefes sind auf Bleistiftlinien geschrieben, die beiden letzten, für welche diese fehlen, sind daher nicht parallel.

## VI.
## Nachträge zu Diez' Briefen
an A. Keller, A. Ebert, A. Mussafia abgedruckt in den Erinnerungsworten an Fr. Diez, Marburg 1883, S. 89 ff.

### Br. 4 an A. Keller.

Hochverehrter Herr!

Durch ein Versehen, für das ich um Vergebung bitten muss, hatte ich den beiliegenden Brief [Nr. 3], der durch Einschluss bis Frankfurt gehen sollte, beizufügen vergessen. Soeben finde ich ihn und sende Ihnen denselben direct zu. Ich ergreife diese Gelegenheit, Ihnen für die drei höchst erfreulichen Schriften (Marienleben, Berguedan, Marcabrus) meinen herzlichsten Dank auszusprechen. Leider bin ich nicht im Stande, die schönen Geschenke auch nur einigermassen zu vergelten. Mit wahrer Verehrung der Ihrige

Bonn, d. 28. Nov. 49.                          Fr. Diez.

---

### Br. 2 an Ebert.

Bonn, d. 22. Jan. 59.

Hochverehrter Herr!

Ich erlaube mir die Anfrage, ob Sie eine kleine Anzeige von Conr. Hofmanns Entdeckung »Ein altprovenzal. Prosadenkmal« (Bayr. gel. Anzeig. Juli 58) von mir in Ihr Jahrbuch aufzunehmen geneigt wären? Sie wird 4 Seiten nicht übersteigen.

Zu dem würdigen Anfang Ihrer Zeitschrift wünsche ich Ihnen Glück! Unter den darin enthaltenen Abhandlungen hat mich, aufrichtig gestanden, die Ihrige am meisten angezogen; der Gegenstand war mir immer von hohem Interesse.

Ich hatte mir vorgenommen, Sie den verwichenen Herbst von Giessen aus zu besuchen; ich bin aber diesmal nicht nach Giessen gekommen. Vielleicht künftige Ostern!

Mit wahrer Hochachtung

Ihr ergebenster
Fr. Diez.

---

Br. 3 an Ebert.

Bonn, 17. Mz. 59.

Hochverehrter Herr!

Ich sende Ihnen hiermit die bewusste Anzeige zu gefälliger gelegentlicher Einschaltung in Ihre Zeitschrift. Das zweite Heft enthält recht viel Schönes, doch habe ich für jetzt es nur flüchtig ansehen können.

Diesmal werde ich in den Osterferien jedenfalls auf mehrere Tage nach Giessen gehen und Ihnen alsdann auch einen Besuch in Marburg machen, auf den ich mich recht sehr freue. Zuvor aber werde ich von dort aus anfragen, ob Sie anwesend sind. Meiner Rechnung nach werde ich die Charwoche daselbst zubringen.

Mit wahrer Hochachtung

Ihr ergebenster
Fr. Diez.

---

Br. 2 an A. Mussafia.

Bonn, 14./2. 70.

Hochverehrter Freund!

Vor einigen Tagen habe ich dem hiesigen Buchhändler Weber ein Exemplar des 1. Bandes der roman. Grammatik 3. Ausg. übergeben, um denselben an Sie zu besorgen. Dieser 1. Band ist schon seit beinahe drei Monaten fertig, ich habe aber aus Mangel an Zeit bis jetzt versäumt, die für meine Freunde bestimmten Exemplare zu versenden und bitte deshalb um gütige Entschuldigung. Den ersten Band des Wörterbuches 3. Ausg. erlauben Sie mir, bis zur Vollendung des zweiten für Sie zurückzulegen.

Empfangen Sie nun auch meinen herzlichen Dank für Ihre Studie über den Tesoro des *Ser Brunetto*, auf deren Lectüre ich mich freue, weil ich voraussehe, dass ich vielseitige Belehrung daraus schöpfen werde. Sobald der 2. Band des Wörterbuches gedruckt ist, was hoffentlich Ende April geschehen sein wird, soll dieses Buch das erste sein, das ich lesen werde. Mit dem innigen Wunsch für Ihr ferneres Wohlbefinden nenne ich mich verehrungsvoll Ihren

ergebensten<br>F. Diez.

## VII.
# Ergänzungen zu den Erinnerungsworten
## an Friedrich Diez. Marburg 1883.

S. 2. Diez' Vater Friedrich Jakob, geboren am 15. 5. 1761, gestorben am 15. 2. 1846, war Regierungssekretär (nicht Gerichtssekretär), Diez' Mutter Katharina, geborene Richter, starb am 22. 10. 1841. Sie hatte zehn Kindern das Leben geschenkt, unter denen unser Diez das dritte war.

Diez' Schwester Karoline, welche ihm seit 1866 bis zu seinem Tode den Haushalt führte, war 1804 geboren und starb am 13. 3. 1883 in Giessen, im Hause des 1888 gleichfalls verstorbenen Geh. Baurathes Holzapfel, ihres Neffen, in dessen Familie auch Diez selbst oft seine Ferien verbracht hatte.

S. 3. Dass Diez das Winter-Semester 1816—1817 in Göttingen verbrachte, geht hervor 1) aus dem Eintrag in der Göttinger Universitätsmatrikel vom 16. Nov. 1816 (dessen Abschrift ich Kollege Stimming verdanke): »Nr. 307 Friederich Diez [Sohn des] Kommissionsrath Diez zu Giessen [aus] Giessen, Studium: Philosophie, kommt von der Universität Giessen«, 2) aus nachstehender, auch sonst interessanter Urkunde, deren Besitz ich der Güte des derzeitigen Besitzers des Diezhauses verdanke:

Ich Endesunterschriebener Commissions-Rath Dietz urkunde und bekenne hiermit, dass der Herr Amtmann Meyer Wohlgeb. dahier mir die Summe von Siebenhundert Gulden baar vorgeschossen hat, welches Capital ich mit Sechs Gulden vom Hundert jährlich zu verzinssen verspreche.

Damit nun der Herr Gläubiger wegen dieses Vorschusses hinlänglich gesichert ist, so werden demselben von denjenigen Tausend Gulden, welche mein verstorbener Bruder, Jeremias Dietz, meinem ältesten Sohne, Friedrich Dietz, in seinem hinterlassenen Testament legirt hat, Sieben Hundert Gulden, wie auch die übrige Drey Hundert Gulden zur Sicherheit der Zinsszahlung hiermit cediert, wobey um von dem Verhältniss der Sache unterrichtet zu seyn Folgendes bemerkt wird:

1) Gedachtes Legat von 1000 fl. ist zwar meinem Sohne nach dem Tode meines Bruders eigenthümlich zugefallen, es hat solches aber die Frau Geheime Hofräthin Hess lebenslänglich nach dem Testament zu benutzen.
2) Sollen diese 700 fl. zum Besten meines Sohnes, um seine Studien in Göttingen fortzusetzen und nachher die Doctor-Würde anzunehmen, verwendet werden.

Nach dieser vorausgeschickten Bemerkung erkläre ich Friedrich Dietz, dass ich in diese Cession als Eigenthümer der mir legirten 1000 fl. einwillige, indem gedachte 700 fl. zu dem erwähnten Behuf verwendet werden sollen und müssen, weil ohne solche der vorhabende Zweck nicht erreicht werden kann...

Zu mehrerer Bekräftigung ist dieser Schuldschein und Cessions-Urkunde von den benannten Personen, Geheime Räthin von Mettingh, Geheime Hofräthin Hess, Commissions-Rath Dietz und dessen Sohne, Friedrich Dietz, eigenhändig unterschrieben worden.

So geschehen Giessen den 10. und Göttingen den 27. Dez. 1816.

Dietz          F. Dietz*) philos. stud.
Commissions-Rath

Der in vorstehender Urkunde erwähnte Stiefonkel unseres Diez, Johann Christian Jeremias Dietz (geb. 16. 4. 1763), war der jüngste Sohn seines Grossvaters, des Magisters, Stadtpfarrers und ausserordentlichen Professors an der Univ. Giessen, Johann Christian Dietz (geb. 1. 11. 1719), und zwar das einzige Kind aus dessen zweiter Ehe mit Johanna Elisabeth Hert. — Diez' Urgrossvater war nach einem mir vorliegenden Familienstamm-

---

*) Die Namens-Unterschrift mit *tz* ist hier offenbar nur der in einem derartigen Dokumente erforderlichen Gleichmässigkeit beider Namensformen zu verdanken. In der Göttinger Matrikel ist bereits Diez geschrieben, ebenso auf dem Titel der Altspanischen Romanzen von 1817. Der Eintrag in der Giessener Martrikel von 1811 zeigt allerdings noch: Dietz (S. Erinnerungsworte S. 3 u. 17. Anm.)

baum der ungefähr 1689 geborene Pfarrer von Dauernheim, Johann Heinrich Dietz, welcher im 91. Lebens- und 65. Amtsjahr starb. Er wiederum war der Sohn des ungefähr 1652 geborenen Kirchenvorstehers und Kollektors der geistlichen Gefälle zu Arnsheim Johann Dietz. Höher hinauf lassen sich die Vorfahren nicht verfolgen.

S. 4. Der Vater von Diez' Braut, Prof. Bernd, wohnte im Gudenauergässchen 471 (nicht: Judengässchen). Die Verlobung fand am 9. Juni 1832 statt. Die spätere Ehe von Rosa Bernd mit dem Pfarrer Rindfleisch war keine allzu glückliche und nach Angabe ihrer Schwester hat Frau R. in späteren Jahren es lebhaft bedauert, dass sie sich in Diez' ernstes Wesen nicht habe finden können. Diez selbst hat ihr daraus keinen Vorwurf gemacht und, wie mir ihre Schwester versicherte, auch weiter mit der Berndschen Familie auf freundschaftlichem Fusse gelebt. Als sich Rosa mit Pfarrer Rindfleisch verlobte, hat er, nach Erinnerung seiner Giessener Verwandten, die launige Aeusserung gethan: »Nun, da macht ja Fräulein Bernd eine recht nahrhafte Parthie«. Die Stickerei, deren Z. 2 des Gedichtes »Zum Geburtstag« gedacht wird, bestand nach Angabe der Schwester der Braut aus einer Tasche mit einem daraufgestickten Troubadour.

S. 5. Das auf Diez bezügliche Aktenmaterial der Universität Bonn wird Prof. W. Förster in dem Festprogramm zur Bonner Diezfeier vollständig mittheilen. Aehnlich wird auch Professor D. Behrens im Ludwigs-Programm der Universität Giessen zusammenstellen, was er in Darmstadt, Giessen und sonstwo an auf Diez bezüglichen Nachrichten aufgefunden hat.

S. 7. Dass Diez auch nach Turin und Mailand gekommen ist, wurde mir von Geh. Baurath Holzapfel ausdrücklich bestätigt. Er erinnerte sich noch eines drolligen Erlebnisses, das Diez in Turin passiert war. Als Diez nämlich mit seiner Schwester ein dortiges Café besuchte, fiel ihm auf, dass ganz in seiner Nähe ein auffallend ähnliches Paar Platz genommen hatte und sich auch genau dieselben Getränke wie er und seine Schwester serviren liess. Erst nach einer ganzen Weile wurde er gewahr, dass sich hinter ihm Spiegelscheiben befanden. Diez hatte bekanntlich sehr schwache Augen und gehörte darum, wie er sich mir gegenüber scherzweise ausdrückte, in seiner Wohnung »zu den Dunkelmännern«, d. h. die Vorhänge seines Zimmers waren immer sorgfältig zugezogen. — Reisen nach Frankfurt und Darmstadt werden in Brief 4 an Ebert, ebenda auch die »übliche« in das Elsass, erwähnt. Auf letzterer besuchte er offenbar seinen Bruder Eduard, der in Westhofen bei Strassburg als Arzt lebte, und in Strassburg selbst die Familie des Pfarrers Joh. Mich. Lobstein, dessen Frau Henriette Christiane Charlotte eine weitere Schwester seines Vaters war.

eb. Im letzten Jahr vor seinem Tode war Diez schon sehr gebrechlich geworden. So schreibt Prof. K. G. Andresen aus Bonn im Februar 1876 an Professor Weigand in Giessen: »Unser alter Prof. Diez schleppt sich mühsam fort, Vorlesungen hält er diesen Winter nicht, wird auch so leicht nicht wieder dazu gelangen« und über seine letzten Tage schreibt Weigand an L. Diefenbach am 5. 6. 1876: »Diez hat fünf Tage mit dem Tode gerungen. Sein Tod, der schon längere Zeit zu erwarten stand, hat mich doch tief ergriffen. Ich kannte ihn seit 1830 persönlich, später verband uns die Wissenschaft näher. Sein Wörterbuch sah ich Schritt für Schritt erstehen, und das hat mir immer besondere Freude gemacht; manchen Artikel haben wir während seines Hierseins in den Ferien besprochen. An seinem nächsten Geburtstage nach seinem Jubiläum hatten ihm Bürgermeister und Stadtvorstand Giessens das Diplom als Ehrenbürger der Stadt übersandt und das schien ihm besondere Freude gemacht zu haben.«

S. 10. Diez' Gutachten vom 30. 10. 1868 und 17. 7. 1869 aus Anlass der Wiederbesetzung der Marburger Professur für romanische Philologie habe ich vorstehend S. 28 u. 33 mitgetheilt.

S. 14. Den bairischen Maximiliansorden hat Diez offenbar auf Veranlassung von E. Geibel erhalten, der dazu wiederum durch Ferdinand Wolf angeregt war. Vgl. deswegen die beiden von mir in den Frankfurter Neuphilologischen Beiträgen Frankfurt 1887 S. 46 ff. mitgetheilten höchst interessanten Briefe vom 20. 9. und 3. 10. (nicht 30. 9.) 1855. Hier mögen die betreffenden Stellen daraus Platz finden:

1) Aus F. Wolfs Brief.

»Wir haben Ihrem Namen noch den Jakob Grimm's beigesellt, weil er der erste in seiner Silva de romances viejos den Weg gezeigt hat, den wir nun bei unserer Sammlung eingeschlagen. Sonst hätten wir — bei aller Verehrung für die grossen Verdienste Grimm's in anderen Gebieten — allerdings die Pflicht gehabt, Ihnen den grössten Kenner romanischer Sprachen und Literaturen unter uns, Herrn Professor Diez in Bonn, beizugesellen, einen Mann, der in der That das für die lateinischen Töchtersprachen ist, was J. Grimm für die germanischen, ja ich möchte sagen, dass er bei gleicher Gründlichkeit, Tiefe und umfassendem Wissen, noch mehr Klarheit, Durchsichtigkeit und philologische Schärfe in seinem Meisterwerke, der Grammatik der romanischen Sprachen, bewiesen hat, und nehme ich keinen Anstand zu behaupten, dass er durch sein Etymologisches Wörterbuch der romanischen Sprachen geradezu mustergiltig geworden ist, und hierin sich noch viel freier von allen Hypothesen und gesuchten Analogien gehalten hat, als selbst der Altmeister Grimm. Sie werden Sich mit mir freuen zu vernehmen, dass von seiner Grammatik eben eine neue Auflage unter der Presse ist, und wir können in der That stolz auf das Werk sein, um das uns alle romanischen Nationen zu beneiden haben.«

2) Aus E. Geibel's Brief.

»Ganz besonders habe ich Ihnen noch für Ihre Mittheilungen über den trefflichen Diez zu danken, an dessen grossen Verdiensten unsere Zeit, die ja leider Alles, welches nicht entweder zu den exakten Wissenschaften oder zur strengen augenblicklich nutzbaren Fachgelehrsamkeit gehört, als wenig fruchtbar zu betrachten pflegt, mit wahrhaft sträflicher Kälte vorübergegangen ist. Umsomehr würde ich mich glücklich schätzen, wenn es mir gelingen sollte, auf Ihre Autorität gestützt eine öffentliche Anerkennung für den verehrten Mann zu veranlassen. Da jedoch der Erfolg sehr ungewiss ist und namentlich der Zeitpunkt des Gelingens sich in keiner Weise bestimmen lässt, so darf ich diese ganze Angelegenheit wohl Ihrer freundlichen Diskretion empfehlen.«

S. 23. Dass man sich in Goethe's Kreise damals lebhaft für provenzalische Poesie interessirte, geht auch aus der Einleitung zu Peucers 1819 erschienenen Uebersetzung von Voltaire's Zaïre hervor. S. VI heisst es da: »Wie sehr haben sie Unrecht, den Reichthum ihrer Troubadours, die liebliche Natur und Gemüthlichkeit ihrer provençalischen Dichter zu verschmähen! Ein ewig blühender Garten ist in den Schöpfungen dieser Sänger aufgethan«. Aus S. LXI scheint allerdings hervorzugehen, dass Peucer unter den Troubadours lediglich ältere französische Dichter verstand. — Uebrigens hätte Diez' Aufmerksamkeit sonst auch durch Uhlands Romanzen auf die Troubadours gelenkt worden sein können; denn Uhlands Rudello war ja bereits 1814 beendet. Von der Korrespondenz zwischen Uhland und Diez ist bisher leider nur ein Brief Uhlands bekannt geworden. Vgl. Erinnerungsworte S. 27 und dazu Uhland's Brief an den Freih. v. Lassberg vom 19. 1. 1827 (Uhl.s Briefw. m. Fr. v. L., herausgeg. von F. Pfeiffer, Wien 1870).

eb. Nicht nur die Vorrede zur ersten Ausgabe von Diez' Altspanischen Romanzen datirt von 1817, sondern die Ausgabe selbst ist bereits 1817 und zwar in Giessen erfolgt; die Exemplare, welche »Frankfurt 1818« auf dem Titel tragen, sind bis auf den Titel identisch mit den ersteren. Vgl. R. Köhler in der Ztschr. f. r. Phil. IV S. 583.

S. 29. Eine weitere Rezension der altspan. Romanzen steht in der Leipziger Literaturz. 1822 Nr. 205; vgl. J. Grimm's Kl. Schriften VII S. 597. Eine weitere Besprechung der altroman. Sprachdenkm. lieferte N. Delius in der neuen Jen. Litt.-Zeitung 1847 S. 744 ff., eine solche des Etym. Wtb. F. Wolf in den Oesterr. Blättern f. Lit. und Kunst 1854 Nr. 16, wiederabgedr. in Wolfs Klein. Schriften, Marburg, 1890 S. 206 ff.

S. 58. Das Gedicht S. [7] ff. rührt nach Fräulein Bernds Angabe vom Buchdruckereibesitzer Georgi in Bonn her. Z. 12 bezieht sich darauf, dass Koch Kassenrevisor war, Z. 19 dass er sich an die Spitze eines Komitées stellte, welches die Vergoldung der Michaelstatue auf dem Koblenzerthor betrieb.

S. 59. Das Gedicht S. [9] rührt nach Frl. Bernds Vermuthung von Diez, das S. [11] von Gymnasial-Direktor Ludw. Schopen her.

S. 92 Anm. Briefe von Diez an F. Wolf sind nicht mehr vorhanden, wenigstens finden sich keine in der umfangreichen, der öffentlichen Bibliothek zu Wolfenbüttel gehörigen Korrespondenz Wolfs (vgl. das Verzeichnis derselben in meinen Beiträgen zur Gesch. der rom. Philologie, Ausg. u. Abh. LXIII, Marburg 1886, S. 22*) und Wolfs Tochter versicherte mir ausdrücklich, dass sie trotz sorgfältigen Nachsuchens unter den Papieren ihres Vaters keinen Brief von Diez habe finden können. Dass Diez mit Wolf korrespondierte, ist gleichwohl nicht zu bezweifeln. Dafür spricht schon der S. 45 angezogene Brief Wolfs an Geibel. Erwähnt möge hier werden, dass dagegen drei Briefe von Diez an Lemcke in den eben erwähnten »Beiträgen« S. 26 f. abgedruckt sind, deren Originale jetzt gleichfalls in der Wolfenbütteler Bibliothek aufbewahrt werden.

---

Die Weihefeier, welche den Anlass zur Abfassung meiner Erinnerungsworte bot, fand am 9. Juni 1883 statt. Die Universität Bonn hatte sich durch Abordnung von Diez' Nachfolger, Prof. W. Förster dabei officiell vertreten lassen, Marburg war durch seinen Rektor, eine grössere Zahl Dozenten und mehr als hundert Studirende vertreten. Auch von anderwärts waren

---

*) Nachträglich sind noch weitere Briefe an Wolf aufgefunden und der Wolfenbütteler Sammlung einverleibt, so ein Brief von Cotta-Stuttgart 1843, einer von Gayanyos 1853 (Selbstbiographie) einer von Geibel 1855 (s. o. S. 45, nicht in Wolfenbüttel), drei von Hinard 1857—8, einer von K. Hoffmann 1852, einer von Liebrecht 1856, einer von Liebrecht 1856, einer von E. Saur - Berlin 1855, einer von Shuller - Hermannstadt 1860 (später nachgeliefert), einer von E. Thurot-Paris 1836, sieben von L. Uhland-Tübingen 1837—1854 (nicht in Wolfenb., gedr. v. Prof. v. Prof. Dr. phil. Strauch-Tübingen in: Deutsche Dichtung v. 15. 11. 1887. Wolfs erster Brief an Uhland aus dem Jahre 1833 ist gedr. in: Uhlands Leben von seiner Wittwe Stuttg. 1874 S. 250. Uhland hielt sich im Sommer 1838 vier Wochen in Wien auf und machte damals Wolfs persönliche Bekanntschaft), einer von J. Valera - Madrid 1862, 1 v. Franc. Navarro Villerlada-Madrid 1858, einer von Widter-Vicenza 1864.

verschiedene Romanisten herbeigeeilt, und die, welche verhindert waren, persönlich theilzunehmen, hatten durch Briefe und Telegramme ihren Sympathien für den Altmeister Ausdruck verliehen. Aus der Menge dieser Zuschriften, welche in dem Semester-Bericht des Cartell-Verbandes neuphilologischer Vereine deutscher Hochschulen vom Sommer-Semester 1886 grösstentheils veröffentlicht worden sind, sei hier nur die provenzalische 4-Vierzeile von K. Bartsch wiedergegeben:

> Te salut, pauca maizo:
> En te nasquet un' estela
> De sciensa clar' e bela
> Qu' anc mais belaire no fo.

Druckfehler: S. 6, Z. 7 v. o. l.: B[artsch Chrest.?] — S. 12, Z. 3. 4 v. o. l.: S[ermons] B[ernart].